novum pro

AF162534

Estefanía Requena de Kusper

Meine Reise in die Mehrsprachigkeit

Einsprachig aufgewachsen,
mehrsprachig geworden

novum pro

www.novumverlag.com

Bibliografische Information
der Deutschen Nationalbibliothek:

Die Deutsche Nationalbibliothek
verzeichnet diese Publikation in
der Deutschen Nationalbibliografie.
Detaillierte bibliografische Daten
sind im Internet über
http://www.d-nb.de abrufbar.

Alle Rechte der Verbreitung,
auch durch Film, Funk und Fernsehen,
fotomechanische Wiedergabe,
Tonträger, elektronische Datenträger
und auszugsweisen Nachdruck,
sind vorbehalten.

© 2021 novum Verlag

ISBN 978-3-99107-244-7
Lektorat: Dr. Annette Debold
Umschlagfotos: Eugeny Kaminskiy,
Artof Sha, Ahmed Alabady, Miceking,
Luboslav Ivanko, A1977, Ylivdesign,
Vladislav Lukyanov, Gongzstudio,
Michael Pelin | Dreamstime.com
Umschlaggestaltung, Layout & Satz:
novum Verlag
Innenabbildungen:
Seite 46, 94:
© Estefanía Requena de Kusper
Seite 62: © Dr. Anna Storck, 2011

Gedruckt in der Europäischen Union
auf umweltfreundlichem, chlor- und
säurefrei gebleichtem Papier.

www.novumverlag.com

Inhalt

VORWORT 9

SPRACHENLERNEN 14
   Wie viele Sprachen sprichst du? 14
   Eine gewisse Menge an Inspiration 16
   Herausforderung: neue Sprache lernen 18
   Sprachsensibilität 19
   Sprachen nicht lernen, sondern erleben 19
   F wie Freude, aber auch wie Frust 20

INTERESSE UND MOTIVATION 22
   Warum noch mehr Sprachen lernen? 22
   Es gibt keine schwierige Sprache,
   nur wenig Zeit, sie zu erlernen 24
   Meine Lieblingssprache 26
   Ein bisschen Lob schadet nicht 27
   Diese Sprache braucht man aber nicht! 27
   Die Familienübersetzerin 29

SPRACHLICHE BESONDERHEITEN 30
   Große Unterschiede, kleine Unterschiede 30
   Wie viele Meter entfernt? 31
   Word, sweet word 32
   Ich will aber kommunizieren! 33
   Der Kampf um die richtige Aussprache 34
   Ausnahmen gibt es immer! 36

KURIOSES 37
    Wie viele Wörter hast du im Kopf? 37
    Sprachkompetenz C2 38
    Du hast deinen Akzent verloren! 39
    Gefahr: Fremdwort dazwischengerutscht! 40
    Eine kurze Terminator-Geschichte 41
    Aufgepasst: Vorstellungsgespräch 42

KLISCHEES RUND UM SPRACHEN 43
    Mehrsprachigkeit hat auch Klischees 43
    Einsprachig, eine Persönlichkeit.
    Zweisprachig, zwei Persönlichkeiten? 44
    Sprachenlernen geht nicht unbedingt automatisch 47
    Die sprachliche Grenze und die Wassermühle 48
    Mann oder Frau: Wer lernt Sprachen am besten? 49
    Fanatismus Feminismus 50

SPRACHEN IM 21. JAHRHUNDERT 51
    Englisch ist Lingua franca, und das reicht 51
    Facebook & Co. als Sprachlernraum 52
    Google Translator: der Sprachengott
    des 21. Jahrhunderts 53
    Ein kleiner Wettbewerb? 53
    Englisch: die einfachste Sprache der Welt? 55
    Mehrsprachigkeit als Tourismuserfolgsfaktor 56

KULTUR & IDENTITÄT 58
    Kultur und Stereotypen 58
    Sprache und Heimat 59
    Das Eigene und das Fremde 61
    Sprachen und Lebenswege 65
    Sprache = Lebensart 66
    Akzent und Identität 67

LERNMETHODE 70
   Durch Korrekturen Fremdsprachen
   effizient verbessern 70
   Eine Lernmethode für alle? 72
   Alle Lernmaterialien oder nicht! 72
   Hablar con los muertos
   („mit den Verstorbenen reden") 73
   Druck: die schnellste Sprachmethode? 75
   No pain, no gain! 76

KOMMUNIKATION 77
   Für mehr Glaubwürdigkeit 77
   Der beste Arbeitsort der Welt für
   mehrsprachige Leute 78
   Sprachen und Familie 79
   Faszination Gestik 81
   Humor, Werbung & Co. 82
   Information verpasst! 84

SPRACHEN UNTERRICHTEN 85
   Unterrichten ist das beste Sprachtraining 85
   Native Speaker gesucht! 86
   Ein bisschen Kontext, bitte! 88
   A language biography 89
   Berufung Sprachtrainerin 89
   Besonderheiten des Onlineunterrichts 91
   Und die Reise geht nun weiter … 92

ANHANG 94
   Anhang: Porträt Juli 2016 94

Für meine Familie und Freunde
auf beiden Seiten des Atlantiks

VORWORT

Bevor ich die Idee hatte, ein Buch über Sprachenlernen und Mehrsprachigkeit zu schreiben, habe ich viel über die Erfahrung anderer mehrsprachiger Menschen, über Pädagogik, Forschung im Bereich Sprachwissenschaft und Zweisprachigkeit, innovative Lernmethoden, Testimonials, ausgezeichnete Sprachschulen, empfehlenswerte Sprachreisen, berühmte Übersetzer, praktische Apps, kostenlose Onlinekurse, Chats u. v. m. gehört oder gelesen. Nach einer gewissen Zeit hatte ich den Eindruck, der Schwerpunkt lag in der Herausforderung, die Schwierigkeiten einer Fremdsprache schnell zu meistern und möglichst wenig Zeit und Energie zu investieren. Aber ist es immer so?

Ich komme aus einer einsprachigen Familie, aus einem Land, das nicht besonders berühmt für Leute, die andere Sprachen lernen, ist. In der Schule wird Englisch unterrichtet, leider fand ich die Qualität dieser Kurse nicht ausreichend, und bloß wenige Mitschülerinnen – ich habe eine Schule ausschließlich für Mädchen besucht – konnten nach der Matura wirklich ein Gespräch auf Englisch führen. Es gibt Familien, die ihre Kinder ins Ausland schicken, um gut Englisch zu lernen. Für andere Personen bleibt nur die Möglichkeit, sich mit Büchern und Kursen zu beschäftigen, manchmal mit mehr, manchmal mit weniger Erfolg. In meinem Fall habe ich meine ersten sieben Fremdsprachen in Venezuela gelernt. Dank Materialien aus dem Internet oder mit denen, die ich in ein paar Buchgeschäften finden konnte. Seitdem ich in Europa wohne, nutze ich die großartige Gelegenheit, meine Sprachen so oft wie möglich zu üben. Hier rede ich öfter in anderen Sprachen (hauptsächlich Deutsch) als in meiner Muttersprache Spanisch.

Meine früheste Erfahrung mit Fremdsprachen hatte ich bei meiner allerersten Reise nach Kanada, als ich gerade einmal 5–6 Jahre alt war. Ich konnte nur ein paar Wörter Englisch und versuchte trotzdem, Kontakt mit den Leuten zu haben. Es hat mich fasziniert, wie diese Leute redeten. Noch dazu habe ich gesehen, dass nicht alle auf Englisch, sondern auch Französisch gesprochen haben. Von den kleinen Erinnerungen aus dieser Zeit, ist mir besonders jener Tag im Gedächtnis geblieben, an dem ich eine Nachbarin meiner Verwandten nach einem Eis fragte. Ich habe mich bemüht, einen kohärenten Satz zu sagen, aber mein fehlender Wortschatz war ein großes Hindernis. Nichtsdestotrotz war die Dame begeistert und bot mir verschiedene Eissorten an. Der Lebensstil in diesem neuen Land hat mich beeindruckt und wahrscheinlich mein Interesse an anderen Kulturen in diesem jungen Alter schon geweckt. Was wäre aber passiert, wenn meine Verwandte nicht nach Kanada, sondern in ein Land ausgewandert wäre, wo man auch Spanisch spricht? Meine erste Fremdsprache war Englisch, dann hatte ich Französisch in den letzten zwei Schuljahren und später zusammen mit Deutsch an der Universität. Während meines Unistudiums habe ich Italienisch- und Portugiesischkurse für Anfänger bis Fortgeschrittene besucht. Dazwischen nahm ich an ein paar Chinesischkursen teil. Danach habe ich mich entschlossen, eigenständig Neugriechisch zu lernen. In Caracas gibt es einen Griechischen Verein und dort habe ich mein griechisches Lehrbuch gekauft. Damit und mit Youtube-Videos plus verschiedenen Websites und Tandem konnte ich damals gut lernen. Meine nächste Sprache war Niederländisch, ich fand die Mischung zwischen Deutsch und Englisch ziemlich cool. Diese Sprache habe ich mir wie Griechisch auch selbst beigebracht. Als ich in Wien war, begann ich, Russisch in Sprachkursen zu lernen. 2018 fing ich mit Rumänisch an, da ich mehrere Freunde und Arbeitskollegen aus Rumänien habe und ich mit meinem Mann im Sommer eine Reise in dieses Land geplant hatte. Außerdem hat mich die rumänische Sprache schon lange fasziniert: lateinischer Ursprung, aber mit Einflüssen aus slawischen und anderen Sprachen. Ich begann

2020 mit Tschechisch, weil ich mehrmals in Tschechien war und das Land und die Sprache sehr interessant finde. Bücher habe ich bis zum Sprachniveau B1 gekauft, Zeit fehlt aber. Die Sache ist, ich sollte lieber die letzten drei gelernten Sprachen verbessern und auffrischen, bevor eine neue ins Spiel kommt.

Dieses Buchprojekt war ein paar Monate eingefroren, sei es wegen Arbeit, Müdigkeit oder mangelnder Inspiration, bis ich die wunderbare Nachricht meiner Schwangerschaft erfahren habe. Die Zeit war dann reif, das Erfasste mit ernsten Augen nochmals durchzulesen und die endgültige Version zu konkretisieren. Ich habe erst als Erwachsene meine Sprachgabe entdeckt und hoffe, mit diesem Buch andere zum Sprachenlernen zu animieren. Ich bin nicht die Einzige und werde auch nicht die Letzte sein, die mit ihrer Leidenschaft für Fremdsprachen andere Menschen direkt oder indirekt neugierig auf Sprachen macht. Sprachenlernen ist gleichzeitig faszinierend und herausfordernd. Es ermöglicht uns, auf einer unglaublichen Weise nicht nur unsere Welt, sondern auch uns selbst besser kennenzulernen. Mit der Zeit merkt man, wie viele Grenzen – meistens kulturelle – überschritten werden. Und wie Leute aus verschiedenen Orten der Welt eigentlich mehr Gemeinsamkeiten mit uns haben, als wir glauben. Hier beginnt die Geschichte einer Reise, die sowohl mit Sprachen als auch mit dem Leben zu tun hat. Eine Reise geprägt von unterschiedlichen Erfahrungen, sei es als Studentin oder bei der Arbeit in meinem Heimatland und im Ausland, sowie von sprachlichen und kulturellen Erlebnissen mit Personen aus der ganzen Welt. Es ist kein Sachbuch in dem Sinne, sondern mehr eine Sammlung aus Reflexionen und Erlebnissen rund um das Thema Fremdsprachen, sowohl als Lernende als auch als Lehrerin. Da ich mich die meiste Zeit mit der deutschen Sprache beschäftige – beruflich und privat – und in einem deutschsprachigen Land lebe, sind sämtliche Beispiele über das Erlernen oder das Lehren des Deutschen zu finden.

    Was hat eine Reise mit dem Erlernen einer neuen Sprache zu tun? Eine Reise bedeutet für viele Personen Begriffe wie

Abenteuer, Entdeckung, Kennenlernen, Bereicherung, Freude usw. Für manche kann es aber stressig oder herausfordernd – z. B. für Menschen mit Flugangst – sein. Was alle Reisen gemeinsam haben, egal wie man zur Destination fährt, sind ein Ausgangs- und ein Ankunftspunkt. Beim Sprachenlernen kennen wir diese zwei Punkte als vorhandene Kenntnisse (ohne oder mit geringen Vorkenntnissen) und das persönliche Ziel (Niveau B2 oder C1 für das Unistudium erreichen, ausreichende Kenntnisse für alltägliche Gespräche oder für Gespräche mit Geschäftsleuten, gutes Schreiben zum Kennenlernen neuer Personen im Internet …). Diese sind nur einige Beispiele oder Gründe, eine neue Sprache zu lernen. Die Metapher eines Heißluftballons illustriert die Ambivalenz zwischen dem Ziel, das man erreichen möchte, und den äußeren Einflüssen, die den Weg zum Ziel bestimmen.

Während meiner langjährigen Erfahrung als Sprachtrainerin habe ich folgende Frage in Lehrbüchern oft gelesen: Warum lernen Sie die Sprache x? Warum ist es wichtig, diese Frage beantworten zu können? Viele würden vielleicht sagen: weil die anderen diese Frage zweifellos stellen werden. So wie die Frage „Wohin reist du?" Es wäre komisch, keine vernünftige Antwort zu geben. Es ist aber für alle nicht immer selbstverständlich, dass der Weg zwischen Ausgangs- und Ankunftspunkt eine grundsätzliche Rolle spielt. Viel schöner und einfacher ist es, Ziele zu erwähnen, als den Weg dahin zu beschreiben. Wenn ich heutzutage sage, dass ich die Sprachen x, x und x beherrsche, klingt das Ganze eher unkompliziert. Was ich aber normalerweise betone, ist die monate- beziehungsweise jahrelange Disziplin, um Vokabeln und Grammatikregeln zu lernen und Hunderte Übungen auszufüllen, bevor ich mich bequem in der Fremdsprache ausdrücken kann. Ich bewundere die großen Tänzer, Musiker und Sportler. Was sie machen, sieht so einfach und unkompliziert aus, dass jeder es in kurzer Zeit selbst schaffen kann, würde man glauben.

Was haben fremde Reisedestinationen und Fremdsprachen noch gemeinsam? Stichwörter wie Exotismus, Neuigkeiten, Unbekanntes, eine gewisse Unsicherheit, Erwartungen, Neugierde,

Vorbereitungen, Wartezeit, Begeisterung und Ungeduld passen gut zu beiden. Ich bin selbst eine begeisterte Reisende, und wenn ich eine Reise buche, spüre ich solche Emotionen und Gefühle in mir. Je exotischer der Ort, desto aufgeregter bin ich. Dasselbe erlebte ich mit Sprachen, auch wenn eine unterschiedliche Sprache im Vergleich zur Muttersprache mehr Durchhaltevermögen und Mühe bedeutete.

Dieses Buch ist mehr als eine reine Sprachbiografie. Es ist Teil einer wunderbaren Entdeckung, die mit dem Interesse an Kulturen und Fremdsprachen begann. Sprachen gehören zu meiner Identität, denn ich will ein Weltmensch sein und andere Leute besser schätzen, egal welcher Herkunft oder Religion. Ich bin der Meinung, man kann nicht verstehen, was man nicht kennt. Diese Botschaft habe ich auf Plakaten gelesen, die mit Flüchtlingen zu tun hatten, z. B. in Österreich, Deutschland und Rumänien. „Ich bleibe ein Fremder, solange du mich nicht kennst." Die großen Flüchtlingsströme 2015 brachten auch viel Missverständnis mit sich, Angst und Absurdität auf beiden Seiten des Mittelmeers. Ich habe keine Absicht, über dieses spaltende Thema zu diskutieren. Ich denke aber, es ist notwendig, die Welt manchmal mit anderen Augen zu sehen. Aus eigener Erfahrung weiß ich, es ist nicht einfach, Fuß in einem anderen Land zu fassen, vor allem wenn man keine Familie dort hat. Die lokale Sprache zu können ist zwar hilfreich, reicht aber nicht, um die neue Heimat zu verstehen. Viel Geduld und Durchhaltevermögen brauchte ich die ersten Wochen, um zu verstehen, wie das Land tickt, wie die Leute sind, welche Gesetze es gibt, was erlaubt, was verboten ist. Was ich im Internet gelesen habe war nicht ausreichend. Es gibt Dinge, die sich nicht „googeln" lassen ...

*„Die Welt ist ein Buch. Wer nie reist,
sieht nur eine Seite davon."*
Augustinus Aurelius (Philosoph und Kirchenlehrer der Spätantike)

SPRACHENLERNEN

Wie viele Sprachen sprichst du?

Wenn ich die Frage „Wie viele Sprachen kannst du tatsächlich?" beantworten muss, spüre ich immer das gleiche Gefühl: Erwähne ich wirklich alle Sprachen, die ich gelernt habe, oder nur die wichtigsten? Oder auch diejenigen, die ich schon vor langer Zeit gelernt habe? Oder einfach die, die ich absolut beherrsche? Manche Leute zählen gerne und sind sehr beeindruckt, wenn sie meine Sprachen mit beiden Händen zählen müssen. Danach sind sie sprachlos, und eine Reihe besonderer Fragen beginnt (natürlich auch per Sie):

Wie kannst du so viele Sprachen im Kopf haben?
Ist es nicht verwirrend für dich?
Hast du andere Sprachen als Kind gelernt?
Mischst du die Sprachen nicht?
Wie hast du es geschafft?
Kannst du wirklich so viele Sprachen?
Welche Sprache ist die schwierigste/einfachste?
Hast du im Land gelebt, wo die Sprache x gesprochen wird?
Woher kommt deine Familie?

Gleich nach der einen oder der anderen Frage sage ich – mehr aus Gewohnheit –, dass ich mehr auf Qualität als auf Quantität setze. Ich betone ebenfalls, dass ich ein paar Sprachen noch nicht so gut kann und sie immer noch lerne. Eigentlich endet das Sprachenlernen nie. Ich merke es schon bei Englisch, meiner ersten Fremdsprache. Ab und zu tauchen neue Vokabeln auf, oder ich stehe vor Wörtern, die ich noch nie oder nur selten gehört oder gesehen habe. Zweifellos hat man nach langjährigem Lernen einer Sprache das Gefühl, dass alles bekannt ist und man sich nicht mehr anstrengen muss. Moment mal! Da liegt aber eine Gefahr: Wenn eine Fremdsprache mit einer Sportart verglichen werden kann – ich mache es normalerweise, denn ich mag Fitness und trainiere jede Woche Körper, Geist und Seele (wie die Yogalehrer es häufig sagen), merkt man nach einer trainingslosen Zeit (für manche nach einigen Tagen, für andere nach Wochen, Monaten oder Jahren), dass der Körper mehr Zeit braucht, um das Training zu überstehen. Dies passiert auch mit Sprachen, und dementsprechend sagen viele:

- „Ich habe im Ausland studiert/gearbeitet/gelebt und konnte früher die Sprache viel besser. Jetzt ist das nicht mehr der Fall."
- „Seitdem ich ausgewandert bin, habe ich mich immer mehr auf die Amtssprache meines neuen Heimatlandes konzentriert und manchmal Schwierigkeiten, einen Text in meiner Muttersprache fehlerlos zu erfassen. Oder beim Sprechen fallen mir Wörter in der Fremdsprache und nicht in meiner eigenen Sprache ein, wenn ich ein Wort in meine Sprache übersetzen möchte." Das beobachte ich regelmäßig, wenn ich mit Freunden, die auch im Ausland leben, auf Spanisch spreche.
- „Ich bin zwei- oder mehrsprachig aufgewachsen, verwende aber tatsächlich nicht alle Sprachen so oft. Wenn ich jedoch reise und die andere(n) Sprache(n) spreche, kann ich mich schnell wieder in dieser/n Sprache/n gut ausdrücken."
- „Ich habe einen Sprachkurs besucht und ein gutes Sprachniveau erreicht. Seitdem ich den Kurs nicht mehr besuche und die Sprache weniger als früher übe, fällt es mir schwer, die Sprache wieder aktiv zu verwenden. Außerdem habe ich zu viele Vokabeln und Grammatikregeln vergessen."
- „Ich musste mindestens eine oder zwei Fremdsprachen in der Schule lernen. Danach war Englisch für meine berufliche Weiterentwicklung viel wichtiger, und ich habe die andere Sprache seitdem kaum oder nicht mehr verwendet."

- „Ich begann, mir selbst eine Sprache beizubringen. Am Anfang war ich sehr motiviert und investierte viel Zeit und Geld in Lernmaterialien. Ich konnte mehr als die Grundkenntnisse, aber nach einem bestimmten Zeitraum war der Lernfortschritt nicht ausreichend, und ich war frustriert und demotiviert. Schließlich habe ich mit dem Lernen aufgehört."

Erkennen Sie sich in einer oder mehreren von diesen Situationen? Im Laufe unseres Lebens erfahren wir früher oder später, dass Sprachen nicht nur „lebendig" wörtlich gemeint sind, sondern auch konkret. Sowohl die Mutter- als auch die Fremdsprache sollten regelmäßig trainiert werden. „Alles, was man nicht verwendet, verdirbt", habe ich häufig von Ärzten oder Personal Trainern gehört. Das Gehirn ist ein Muskel und braucht dementsprechend Training durch Abwechslung, neue Tätigkeiten oder herausfordernde Situationen, die unsere Kreativität und unser Potenzial fördern. Viele wissen schon, dass Sprachenlernen eine hervorragende Methode ist, unseren Kopf fit zu halten. Damit meine ich nicht, dass Personen mit nur ihrer Muttersprache nicht effizienter werden können. Aber es gibt weitere Möglichkeiten, und jeder sollte seine eigene herausfinden.

Eine gewisse Menge an Inspiration

Um Sprachen zu lernen, braucht man auch Inspiration. Was inspiriert mich? Eine fremde Kultur? Menschen mit einer anderen Lebensweise und mit anderen Essgewohnheiten? Die Idee von einem spannenden Job, wo ich in der Fremdsprache kommunizieren muss? Die Natur des Landes, die Musik, die Liebe, die Freundschaft … Ich bin der Meinung, Motivation und Inspiration hängen eng beim Sprachenlernen zusammen. Warum hat man mehr Motivation, mit bestimmten Lehrmaterialien zu üben oder einfach mit Native Speakers zu plaudern? Inspiration fördert die Kreativität und treibt uns an, uns weitere Ziele zu setzen und besser zu werden.

Sprachenlernen ist ein lebenslanger Prozess. Viele Bücher und mehrsprachige Persönlichkeiten versprechen, eine oder mehrere Sprachen in einem kurzen Zeitraum lernen beziehungsweise beherrschen zu können. Eine Sprache entwickelt sich aber ständig, und es wäre naiv zu denken, dass man alles in kurzer Zeit schafft. Man sollte nicht vergessen, dass Muttersprachler selbst ab und zu mit Zweifeln in ihrer eigenen Sprache konfrontiert sind und viele Ausländer die Grammatikregeln oftmals besser als sie kennen und verwenden. Insbesondere sind es die Gelassenheit und die Spontaneität, Ideen, Emotionen und Gedanken in einer Fremdsprache ausdrücken zu können, was mich meistens beeindruckt. Jede Sprache hat ihre Ausdrucksmittel und ist einzigartig. Mehrfach habe ich gehört, dass lateinische Sprachen kein Problem für Spanischsprachige sein sollten. Was ich aber schon während meines Übersetzungsstudiums gelernt habe, zeigte mir, dass ähnliche Sprachen nicht immer so einfach sind. Die Verbkonjugationen und die Präpositionen sind beispielsweise Sonderaspekte unabhängig von der Sprache, egal als wie „identisch" sie betrachtet werden. Als ich meine Diplomarbeit verfasst habe, konnte ich feststellen, dass Französisch mehr Schwierigkeiten für einen Spanischsprecher beim Simultandolmetschen als Deutsch mit sich bringen kann. Warum? Deutsch hat eine ganz andere Wortstellung und Ausdrucksweise, während manche Aspekte zwischen Französisch und Spanisch leichter zu kopieren sind. Eine ähnliche Erfahrung hatte ich auch, als ich begann, Niederländisch zu lernen. Viele Vokabeln konnte ich mit deutschen Vokabeln assoziieren, und am Anfang kamen diese automatisch beim Gespräch. Nachdem ich mehr Wörter auf Niederländisch gelernt hatte, war die Gefahr, deutsche Vokabeln zu verwenden, praktisch vorbei.

Herausforderung: neue Sprache lernen

Sprachenlernen ist ab und zu nicht so entspannend wie man sich wünschen könnte. Manche Grammatikregeln und linguistische Besonderheiten sind verwirrend oder scheinen unnötig, wenn man diese mit der eigenen Muttersprache vergleicht. „Warum habe ich auf Deutsch zwei Verben, nämlich ‚gehen/fahren', für das spanische Verb *ir*? Warum haben deutsche Pronomen so viele Formen, wenn sie auf Spanisch nicht notwendig sind?" „Warum brauche ich diese nervigen Artikel? In meiner Sprache hat man keine", haben mehrere meiner Deutschstudenten gesagt, meistens traurig und verzweifelt. Aus Sicht der Muttersprache sind andere Sprachen eher unlogisch und kompliziert. Ich finde, es ist ein Fehler zu glauben, dass andere Sprachen schwierig sind, weil sie mit der Logik unserer eigenen Sprache nicht übereinstimmen. Statt mich darüber zu beschweren versuchte ich, diese fremde Logik Schritt für Schritt zu verstehen. Es ist erforderlich, einen anderen Weg unter bestimmten Zuständen zu finden. Es gehört dazu, ein bisschen Frust, Angst oder Ungeduld zu spüren, insbesondere wenn man seine/ihre Sprachkenntnisse in kurzer Zeit oder in stressigen Situationen – wie denen einer Schularbeit, einer offiziellen Prüfung oder eines Bewerbungsgespräches – beweisen muss. Man sollte mehr Vertrauen in die eigene Sprachintuition haben.

Jede Sprache hat ihre eigene Harmonie, die sie einzigartig macht. Namentlich bei der Aussprache, die sich oftmals anpasst, um Wortreihen leichter und schneller auszusprechen. Dieses Merkmal kann man sehr gut in Sprachen wie Französisch oder Russisch sehen, die manche Vokale oder Buchstaben absichtlich nicht aussprechen, um ein Wort mit dem nächsten phonetisch zu binden.

Sprachsensibilität

Das Adjektiv „sensibel" erscheint sehr viel in Artikeln über Frauen, Psychologie, Kosmetik oder Kinder. Aber auch im Bereich Sprachenlernen ist es nicht komplett falsch. Als Lehrerin sage ich oft meinen Studenten, dass man mit der Zeit sensibel für die Sprache wird: Mehr Vokabeln stehen uns zur Verfügung, wir müssen nicht ewig denken, wie ein Verb konjugiert wird oder wie ein einfacher Satz zu formulieren ist. Man hat mehr Sicherheit beim Reden, und wir machen uns nicht so viel Stress mit den Fehlern. Damit können wir dann besser umgehen. Wie lange es dauert, bis wir diese „sensible" Phase erreichen, ist zwar persönlich, kann aber nach einigen Wochen intensiver Auseinandersetzung mit der Fremdsprache beziehungsweise ein paar Monaten, z. B. wenn man einen Sprachkurs besucht, der nur einmal pro Woche stattfindet, erlangt werden. Die meisten Sprachkurse, die ich besuchte, fanden nur einen Tag pro Woche statt. Da habe ich bemerkt, dass der Fortschritt nicht besonders schnell war. Um das zu kompensieren, musste ich viel zu Hause lernen und so viele Übungen wie möglich machen. Es hat sich auf jeden Fall gelohnt, denn man sollte unterschiedliche Lernmaterialien selbst suchen. Meistens reicht es mit dem im Kurs verwendeten Sprachbuch leider nicht.

Sprachen nicht lernen, sondern erleben

Seitdem ich eines der führenden deutschen Wörterbücher für mich entdeckt habe, bin ich großer Fan geworden. Nicht nur aufgrund der zahlreichen Fremdsprachen, sondern auch der praktischen Formatierung inklusive Redewendungen. Ich habe eine digitale Version auf meinem Handy sowie gedruckte Wörterbücher im Bücherregal zu Hause. Eines Tages sah ich auf der Website des Wörterbuchs den Werbespot „Sprachen nicht lernen, sondern erleben". Das hat mir gefallen. Wenn es um Sprachenlernen geht, ist das Wort „lernen" nicht unbedingt motivierend. Lernen bedeutet normalerweise Zeit, Wiederholung, Anstrengung und sogar Langeweile für einige Leute. Das Verb „erleben" weckt aber Interesse, Neugier, Lust auf Abenteuer und auf neue Erfahrungen. Es klingt auf jeden Fall *cooler* als nur lernen. Heutzutage sehe ich Wörter wie erleben, Erlebnis, Spaß, Freiheit und Lebenslust auf Plakaten und im Fernsehen. Dem gestressten, monotonen Alltag entgegen kann man neue Freude am Leben gewinnen. Sprachen bestehen aus mehr als lediglich Vokabellisten und Verbtabellen. Sie können Türen zu neuen Welten aufmachen. Neue Visionen und Perspektiven, die unser Leben sehr positiv beeinflussen können, wenn wir es wollen.

F wie Freude, aber auch wie Frust

Sprachenlernen ist voller Überraschungen. Manche Aspekte der neuen Sprache lernt man schneller, andere sind für uns außergewöhnlich, während wiederum andere Durchhaltevermögen verlangen. Unregelmäßige Verbkonjugationen, Präpositionen, Kasus, Deklinationen, Verben zusammen mit Präpositionen, unregelmäßige Pluralformen, Rechtschreibregeln, ein anderes Alphabet (oder sogar keins) und vieles mehr. Von Zeit zu Zeit spürt man mehr Frust als Freude, vor allem wenn die Fortschritte sehr langsam sind. Ich kenne selbst diesen Frust sehr gut: Jedes Mal, wenn Ausnahmen erschienen sind, noch weitere Unregelmäßigkeiten, die Ausnahme der Ausnahme … Der Weg zum Sprachziel ist manchmal von Hürden geprägt. Ich habe aber keine Absicht, Sprachstudenten zu demotivieren. Was zum Schluss wirklich zählt, ist die Freude, in einer Fremdsprache zu kommunizieren und verstanden zu werden. Egal ob mit oder ohne Fehler. *„Tell me better in English"*, hörte ich von den russischen Touristen bei der Arbeit, als mir die Vokabeln fehlten, um ihre Fragen bestmöglich zu beantworten. Ja, nicht immer kommen die Wörter im Gespräch so schnell, wie man will. Oder sogar nicht in der gewünschten Sprache. In diesen Momenten hatte ich das Gefühl, ich hatte noch nicht genug gelernt. Aber das passierte jedes Mal mit jeder Sprache, bis ich sie beherrschte oder mindestens ausreichend Vokabeln gelernt hatte. Nun war die Freude wieder da, denn die Russen sagten mir, ich könnte gut sprechen. Nicht vergessen, im Leben gibt es Höhen und Tiefen, mit Fremdsprachen ebenfalls … Vor einem Jahr las ich das Buch eines in Deutschland lebenden Amerikaners, der beschloss, mit seinen 53 Jahren Deutsch zu lernen. Er sprach über emotionale Höhen und Tiefen im Laufe des Sprachenlernens, und wie er mehrmals dachte, nicht in der Lage zu sein, diese Sprache entweder zu lernen oder zu sprechen. Mit der Zeit gewann er an Selbstvertrauen und merkte sich einen wesentlichen Bestandteil des Lernprozesses: sich mit anderen nicht zu vergleichen, sondern dem eigenen Tempo zu folgen. Das Buch heißt *Deutsche Sprache, meine Sprache?* und wurde von Cooper Thompson (Brandes & Apsel Verlag) geschrieben.

„Mit jeder Sprache mehr, die du erlernst, befreist du einen bis daher in dir gebundenen Geist."
Friedrich Rückert (deutscher Dichter und Übersetzer)

INTERESSE UND MOTIVATION

Warum noch mehr Sprachen lernen?

„Du kannst schon die wichtigsten Sprachen weltweit – Englisch, Französisch, Spanisch, Russisch – warum lernst du aber Minderheitssprachen?" Italienisch wird zum Beispiel nur in Italien, im Vatikanstaat, in San Marino und in der Schweiz als Amtssprache anerkannt und von circa 60 Millionen Personen als Muttersprache gesprochen, wird aber in Schulen und an Universitäten weltweit unterrichtet. Die Motivation hängt nicht von der Anzahl der Muttersprachler ab, auch wenn es ein typischer Grund ist. Im 21. Jahrhundert ist es möglich, verschiedene Sprachen in einer Stadt zu hören, vor allem in Ländern mit hoher Migrationsquote oder mit starkem Tourismus. Wenn ich in Wien unterwegs bin, ist es der Fall. Dann sage ich mir, „so eine Sprachvielfalt da draußen, und manche verbleiben nur bei ihrer Muttersprache oder sind glücklich, wenn sie ein paar Wörter Englisch für den Urlaub können". Ich respektiere sie, finde es aber schade, dass sie interessante Infos/Inhalte, die nur in anderen Sprachen abrufbar sind, unbewusst verpassen. Dank der Globalisierung ist es relativ leichter als vor 100 Jahren, Menschen aus anderen Ländern und Regionen zu treffen und somit Kontakt zu ihrer Sprache zu haben, entweder mündlich, schriftlich oder im Internet.

„Egal welche Sprachen du schon kannst, es wird nicht immer helfen." Dieser Gedanke war sehr präsent in meinem Kopf jedes Mal bei Reisen oder während meiner Arbeit am Flughafen, als ich Personen traf, die kein Englisch konnten und verzweifelt versuchten, mich etwas zu fragen. Vergeblich fragte ich, ob sie andere Sprachen könnten ... leider nicht. Urdu, Türkisch, Arabisch,

Ungarisch und andere, die ich gar nicht kannte. Da habe ich mir gedacht: „Die Welt ist voller Sprachvielfalt, obgleich man glaubt, dass eine Lingua franca (Verkehrssprache) für die menschliche Kommunikation überall und jederzeit reicht." Als mehrsprachiger Mensch habe ich mich entschlossen, eher bescheiden zu bleiben und mich auf die Qualität und nicht auf die Quantität zu konzentrieren. Für viele ist es sehr beeindruckend, wenn ich (meistens mit wenig Lust!) meine Fremdsprachen aufzähle. Ich denke nur an die anderen Personen, die auch „viel" leisten können: Sportler, die verschiedene Sportarten betreiben; Personen, die fähig sind, mehrere Musikinstrumente zu spielen; Personen, die erfolgreich in unterschiedlichen Berufen sind; Personen, die alle Arten von Speisegerichten gut zubereiten können. Ich bin eine Befürworterin aller Intelligenzarten. Unser Bildungssystem und die Gesellschaft betonen normalerweise, wie wichtig es sei, gute Schulnoten in Mathematik, in der Mutter- oder Fremdsprache zu erzielen. Aber Sport, Kunst und andere Fächer werden meistens ignoriert. Warum? Fürs Leben brauchen wir verschiedene Fähigkeiten, die uns erlauben, Probleme zu lösen und Erfolg zu haben. Kreativität und Selbstbewusstsein werden immer wichtiger, vorwiegend aufgrund der wachsenden Konkurrenz auf dem Arbeitsmarkt. „Die Welt ist größer und komplexer geworden", könnte ein Philosoph, ein Politiker oder ein Ökonomist sagen. Eigentlich merken wir in unserem Alltag, dass die Jugendlichen es immer schwieriger haben, erste berufliche Erfahrungen zu sammeln. „Entweder hat man zu wenig oder zu viel Erfahrung." Klingt deprimierend, ist aber die Realität zahlreicher Jugendlicher, Migranten und Personen ab 50 Jahren, die einen guten Job finden wollen. Deswegen glaube ich fest daran, dass Weiterbildung Türen öffnen kann. Jede Fähigkeit oder Gabe ist ein Schatz, und wir sollten sie am besten nutzen. Das Problem ist, dass wir selten genug daran glauben. Manchmal bemerken die Leute ihr Talent oder ihre Leidenschaft später, nachdem sie beruflich oder privat einen Stillstand erlebten und nach Inspiration suchten. Was kann ich minuten- oder stundenlang tun, ohne mich zu langweilen, ohne wahrzunehmen, wie schnell die Zeit vergeht?

Es gibt keine schwierige Sprache, nur wenig Zeit, sie zu erlernen

„Es geht nicht um die Schwierigkeit, sondern um die Zeit, eine Sprache zu beherrschen." Dies habe ich oft geantwortet auf die Frage: „Diese Sprache ist aber sehr schwierig, oder?" geantwortet. Ich bin der Meinung, Sprachenlernen ist wie jede Tätigkeit, die man zum ersten Mal macht. Schwierige Aspekte sind sowohl Teil des Erlernens einer Fremdsprache als auch des alltäglichen Lebens. Manche Probleme sehen ganz klein aus, sind nicht zu erkennen und still ... wie der Blick aus dem Fenster eines Flugzeuges. Wenn man denkt, welche Regionen überflogen werden, wo es Konflikte, Armut, Ungleichheit oder Diktatur gibt, beginnt man das Glas des eigenen Lebens halb voll statt halb leer zu betrachten. Damit möchte ich nicht wie eine Pessimistin klingen, sondern wie ein Mensch, dem die Höhen und Tiefen des Lebens bewusst sind. Ein Mensch, der dankbar für alle Erfahrungen ist, die direkt oder indirekt Einfluss auf die Entscheidung hatten, sich intensiv mit dem Thema Sprache auseinanderzusetzen.

Egal wie viel Sprachtalent zur Verfügung steht, arbeitet unser Gehirn am Anfang mehr, um sich an die neue Situation anzupassen und sich an diese zu gewöhnen. Nur die investierte Zeit in Wiederholungen und aktives Lernen wird uns erlauben, Vokabeln als Routine in unserem Kopf zu speichern. So erkennen wir Wörter viel schneller wieder und können uns neue Vokabeln besser merken. „Übung macht den Meister", sagt der bekannte Spruch, der für viele Lebenssituationen gilt. Es ist kein Geheimnis, dass nach Jahren in ständigem Kontakt mit einer oder mehreren Fremdsprachen mein Kopf neue Fremdsprachen schneller assimilieren kann. Oder zumindest scheint es so zu sein! Ich gebe aber zu, dass es immer eine Überraschung ist: Wie klingt diese Sprache, hat sie ein traditionelles Alphabet oder viele Verbkonjugationen? Wie ist es mit Pronomen und Präpositionen? Apropos Präpositionen: Diese kleinen Wörter sind zweifellos eine Herausforderung für jeden Sprachlernenden, auch wenn es um eine ähnliche Sprache geht – z. B. Deutsch für einen Niederländer oder Französisch für einen Spanischsprachigen –, denn sie folgen keinen globalen Regeln und sollten pro Sprache aufmerksam gelernt werden. In dieser Hinsicht hat mich die russische Sprache fasziniert: Wo wir auf Deutsch unbedingt Präpositionen benötigen, verzichtet man im Russischen darauf und dekliniert nun das kommende Wort in den bestimmten Kasus. Sprachen mit einem Deklinationssystem geben Präpositionen einen sogenannten Kasus. Nicht nur muss man sich die Bedeutung, sondern auch den Kasus der Präposition merken. Dieses Erlebnis hatte ich zunächst, als ich mehr und mehr Deutsch lernte, diese Sprache mit „schlechtem" Ruf für diejenigen, die sie nur hören, aber nicht kennen, oder für diejenigen, die angefangen haben, sie zu lernen. Ich erinnere mich noch an die aus mehreren Seiten bestehende Verbliste, gefolgt von Präpositionen und ihren entsprechenden Kasus (Dativ, Akkusativ oder eventuell beide, später noch Genitiv). Als Spanischsprachige brauchte ich viel Geduld und Disziplin, um mir diese Sachen zu merken. So wie vielleicht für einen Deutschsprachigen, der das Verbsystem lateinischer Sprachen (mit Subjunktiv und Co.) verstehen muss. Der Subjunktiv ist ein besonderer Modus in mehreren Sprachen. Die Meinung eines griechischen Sprachlehrers hat mir geholfen, indem er betonte: „Den spanischen Subjunktiv verstehe ich leider immer noch nicht. Im Griechischen verhält es sich dagegen viel leichter." Aber für mich waren die Aspekte des griechischen Sprachsystems auch lange schwer erfassbar. Damit komme ich zum nächsten Punkt: Die Schwierigkeit einer Fremdsprache ist tatsächlich subjektiv. Wenn ich jedoch viele höre, die nur sagen: „Spanisch ist wirklich einfach zu lernen", treffe ich im Gegenzug andere, die sagen: „Die Sprache ist wahrscheinlich nicht so leicht, wie ich sie mir vorgestellt hatte." Ich bin der Meinung, wir sollten diese Sticker „einfach/schwierig" von jeder Sprache entfernen. Besser ist es zu sagen: „Ich brauche länger, um diese grammatische Besonderheit vollkommen zu verstehen." So habe ich es getan, als ich mit dem russischen Aspektsystem konfrontiert wurde: zwei Verben für ein deutsches/englisches/spanisches oder anderes Verb. *Oh, là, là!* Mit der Zeit lernt man, diese

Besonderheiten als normale Merkmale der Sprache und nicht als schockierende, unnötige Eigenschaft der gelernten Sprache zu sehen. Die Freude (oder Unruhe?) kommt, wenn man merkt, dass eine andere Sprache auch so ist. Oder sogar unsere eigene Muttersprache. Nicht schlecht, oder?

Meine Lieblingssprache

„Was ist deine Lieblingssprache?" Diese Frage fehlt in keinem Gespräch, wenn unser Zuhörer weiß, dass wir (aus verschiedenen Gründen) mehrere Sprachen können. Am Anfang war meine Faszination für die französische Sprache so groß, dass ich sie unbedingt beherrschen wollte und sie danach übersetzen oder lehren. „Diese Sprache klingt so schön und melodisch", sagen viele Personen. Dies habe ich mir auch gedacht. Nachdem ich andere Sprachen gelernt hatte, entdeckte ich die Schönheit von Sprachen wie Griechisch, Russisch und Portugiesisch. Meine Lieblingssprache sollte aber Deutsch bleiben, denn sie ist die Muttersprache meines Mannes und hat mein Leben sehr positiv geändert. Am Ende glaube ich, es ist schwierig, sich nur für eine „schöne" Sprache zu entscheiden. Unsere Welt ist voll sprachlicher Diversität. Wir werden im Laufe unseres Lebens nie alle Sprachen/Dialekte gehört haben. Wir sollten dankbar sein, dass die englische Sprache uns heutzutage die zwischenmenschliche Kommunikation vereinfacht hat. Was wäre geschehen, wenn die Geschichte vom Babelturm sich durchgesetzt hätte? Hätten wir es geschafft, uns zu verstehen und die Komplexität unserer heutigen Gesellschaft zu meistern? Ab und zu bin ich eine kleine Philosophin. ☺

Ein bisschen Lob schadet nicht

Es ist immer eine große Freude zu hören, wie gut ich meine Fremdsprachen kann. Sogar was die betrifft, die ich zurzeit lerne! Das motiviert mich, meine Sprachen noch zu verbessern. Menschen schätzen das Interesse und den Fleiß anderer, die ihre Sprache lernen. Sie geben häufig zu, dass ihre Muttersprache schwierig ist. Deshalb sollte man eventuell um Korrekturen bitten. Es ist kein Grund zum Schämen, sondern eine hervorragende Möglichkeit, unbewusste Fehler zu entdecken und diese aus unserem Sprachrepertoire endgültig zu entfernen. Ich schätze immer noch die Korrekturen meines Ehemannes auf Deutsch oder meiner Freunde in anderen Sprachen. Ich entdecke neue Nuancen und merke weitere Unterschiede oder Ähnlichkeiten zwischen den Sprachen. Von Redewendungen über Sprüchen bis hin zu Vokabeln, die schwer zu übersetzen sind. Warum haben manche Sprachen Verben oder Vokabeln für ganz bestimmte Dinge, die andere gar nicht haben? Wie schon gesagt, eine Fremdsprache lernt man nie aus.

Diese Sprache braucht man aber nicht!

„Warum lernst du diese Sprache überhaupt? Du wirst sie nicht brauchen!"
„Wieso lernst du so eine Sprache? Wäre es nicht sinnvoller/besser, wenn du z. B. Chinesisch oder Japanisch lernst?"
„Warum investierst du so viel Zeit in diese Sprache? Wann wirst du sie verwenden?"
„Rumänisch ist eine unnötige Sprache. Wieso willst du sie trotzdem lernen?"

Diese und ähnliche Fragen – manchmal gut gemeint, manchmal nicht – habe ich immer gehört, wenn ich erwähnte, dass ich Griechisch, Niederländisch und zuletzt Rumänisch lerne. Mir ist bewusst, dass diese Sprachen in den meisten Schulcurricula nicht vorkommen. Nur in den Ländern, wo sie tatsächlich gesprochen werden, oder in Ländern/Regionen, wo es eine Minderheit gibt, oder wegen historischer beziehungsweise kultureller Gründe.

Aber warum sollte ich diese Sprachen nicht lernen? Warum macht es wenig Sinn laut Mehrheit? Müssen wir ständig Sachen lernen, die einen messbaren Nutzen haben? Unsere moderne Gesellschaft strebt nach Perfektion und Weiterentwicklung. Wir haben keine Zeit, um wertvolle Minuten mit sinnlosen Tätigkeiten zu verschwenden. Was passiert mit den Aktivitäten, die keine direkte Rolle für unsere finanzielle Absicherung spielen? Diejenigen, die wir Hobbys nennen. Sport, Musik, Kunst und Sprachen bewegen unsere Emotionen und nehmen uns aus der Komfortzone. Trainieren gehen? Schwitzen und am nächsten Tag Muskelkater? Bleibe ich lieber gemütlich auf der Couch! Musik üben? Lieber höre ich sie, als selbst stundenlang zu üben, bis es schön klingt. Kunst (malen, bauen, Handwerk usw.) verlangt viel Zeit, und die Werkzeuge oder Materialien sind meistens teuer. Besser schaue ich bei dem zu, was andere schaffen. Sprachen? Ich brauche nur die „wichtigsten". Warum sollte ich meine Zeit verschwenden? Meiner Meinung nach ist der Unterschied zwischen Nutzen und Verschwendung eine subjektive Sache. Für mich ist zum Beispiel Training keine Zeitverschwendung, ich bleibe fit und gesund und werde selten krank. Bezüglich Sprachkompetenz ist jede neue Sprache eine persönliche Bereicherung. Ich erlebte mehrere Situationen – sowohl privat als auch beruflich –, in denen Kenntnisse einer eher exotischen Sprache ein großer Vorteil waren und schöne Überraschungen mit sich brachten. Unsere globalisierte Welt bringt uns näher zusammen, und es ist einfacher, Kontakt mit Leuten aus der ganzen Welt zu haben. Sicher sind manche Ortschaften internationaler, und so kann man Personen aus anderen Kulturkreisen und mit anderen Muttersprachen leichter treffen. Das bedeutet, eine „exotische" Sprache wäre vielleicht nicht mehr so fremd, beispielsweise wenn unser Nachbar oder der Freund eines Freundes sie spricht. Zusammenfassend kann man argumentieren, dass jede Sprache sinnvoll ist, man sollte nur auf den richtigen Moment warten oder sich einfach überraschen lassen! Und die Dankbarkeit der Leute, mit denen man in ihrer Sprache redet, ist einfach unbezahlbar.

Die Familienübersetzerin

„Kannst du bitte meinen Lebenslauf übersetzen?"
„Kannst du bitte diesen Brief übersetzen?"
„Kannst du mir bitte sagen, wofür dieses Produkt gedacht ist?" (Diese Frage kommt zusammen mit einem Bild oder zwei des entsprechenden Artikels.) Normalerweise geht es hier um Kosmetikprodukte, die meine Verwandten im Ausland gekauft und danach vergessen haben, wofür sie eigentlich sind.
„Kannst du bitte kurz diese E-Mail übersetzen und gleich eine Antwort schreiben?"
„Kannst du bitte kurz mit dieser Person telefonieren und mir sagen, was sie will? Sie kann nämlich nur … sprechen".

Seitdem die Leute (Verwandte, Freunde, Arbeitskollegen, Chef …) von meinen Sprachkenntnissen wissen, bekomme ich solche Bitten. Einerseits bin ich dankbar, dass sie meine Sprachfähigkeiten schätzen. Andererseits ist es manchmal ziemlich lustig, wenn die nächste Person mit ihrer Bitte schon in der Reihe steht. Natürlich ist es für mich schwer, Nein zu sagen. Ich bin mir sicher, jeder Mensch mit Fremdsprachenkenntnissen erlebt sowieso solche Situationen. Abgesehen davon, dass es für andere Leute oft der schnellste Weg ist, zu verstehen, was geschrieben/gesagt wurde, sollten wir auch ehrlich zu uns selbst bleiben. Wenn wir nicht alle Wörter verstehen und sie noch überprüfen möchten, ist es besser, um ein bisschen Geduld zu bitten, als etwas Falsches zu übersetzen und danach ein Problem für die andere Person zu verursachen, beispielsweise ein Missverständnis oder einen schlechten Eindruck bei einem potenziellen Arbeitgeber, der einen fehlerhaften Lebenslauf erhält. Auch wenn es sich um keine offizielle Übersetzung handelt, ist es empfehlenswert, sich vorzustellen, wie wäre es für uns, wenn wir nach einem solchen Gefallen fragen würden? Ohne Vertrauen ist die Akzeptanz einer Übersetzung zum Scheitern verurteilt.

„Jede neue Sprache ist wie ein offenes Fenster, das einen neuen Ausblick auf die Welt eröffnet und die Lebensauffassung weitet."

Frank Harris (irisch-englischer Autor)

SPRACHLICHE BESONDERHEITEN

Große Unterschiede, kleine Unterschiede

Mit der Zeit habe ich beobachtet, dass Tiergeräusche in anderen Sprachen nicht immer gleich sind. „Wie macht der Hahn, die Kuh, der Hund auf Deutsch, Englisch, Russisch, Spanisch usw.?" Einmal im Russischunterricht wurde erzählt, das Pferd macht *иго-го* (igogó). Wir alle fanden es ganz lustig, denn für die österreichischen Kursteilnehmer oder für mich als Spanischsprachige klingt igogó gar nicht nach dem Geräusch eines Pferdes. Ich hatte immer viel Vergnügen mit der Lektüre von Kinderbüchern im Sprachunterricht. Zu sehen, wie Kinder in anderen Sprachen über die Welt und über ihre eigene Kultur spielerisch lernen, welche Lieder sie singen, wie sie neue Wörter lernen, wie sie miteinander reden. „Man sollte wie Kinder lernen", wünschen sich viele Erwachsene. Statt wie Kinder (anscheinend ohne Schwierigkeiten) lernen zu wollen, sollten wir an den Spaßfaktor denken und nicht vergessen, dass Kinder zuerst leichte Sachen lernen und Schritt für Schritt sich neue Dinge in der Fremdsprache merken. Sie lernen die grammatischen Regeln mit Beispielen und nicht durch eine rigorose Analyse der Grammatik. Als Erwachsene ist das Erlernen einer neuen Sprache entweder von unserer Muttersprache oder von anderen gelernten Sprachen beeinflusst. Das bedeutet aber nicht automatisch, es wird einfacher oder schwieriger sein. Sicher verlangen kleine Unterschiede zwischen den Sprachen weniger Anstrengung, während andere Aspekte unsere Aufmerksamkeit mehr fordern werden. Hier unten der Link eines interessanten Kurzvideos (auf Englisch), das Tiergeräusche in unterschiedlichen Sprachen vergleicht:
https://youtu.be/Qq94Vcb6atU

Wie viele Meter entfernt?

Jede neue Sprache ist ein neuer Ausblick auf die Welt. Oder ein offenes Fenster, wie der irisch-englische Autor Frank Harris (1856–1931) einmal sagte. Deshalb findet man in jeder Sprache bestimmte Wörter, die entweder schwer oder fast unmöglich zu übersetzen sind. Jede Sprache hat ihre eigenen Mittel, um die Welt und Realität rund um ihre Sprecher zu beschreiben. Was mich ständig faszinierte, sind die kulturellen Besonderheiten bezüglich Küche, Bildungssystem und Orientierung. Apropos Orientierung: Seitdem ich mit deutschsprachigen Personen reden kann und nach dem Weg gefragt werde, höre ich häufig folgende Frage: „Wie viele Meter entfernt liegt es?" „Was? Wie viele Meter? Wieso sollte ich das wissen?", dachte ich mir. Meine Gedanken waren eine Mischung aus Verwirrung und Ignoranz. „Warum kenne ich die Entfernung nur zeitlich, aber nicht in Metern?" Die einzige Lösung für mich war zu sagen: „Sie brauchen circa 10 Minuten hin", beziehungsweise: „Es ist nicht zu weit, Sie können auch zu Fuß gehen." Ich bin mir nicht sicher, ob meine Zuhörer mit der Antwort zufrieden waren. Interessanterweise habe ich diese Frage nach der Entfernung in Metern praktisch nur auf Deutsch gehört. Es sieht so aus, als ob diese Information sehr relevant für Deutschsprachige wäre. Wenn man die deutsche Sprache als Nicht-Muttersprachler ein bisschen analysiert, merkt man, dass die Vorstellung von Bewegung in der Grammatik stark verankert ist. Sätze wie „Ich gehe in die Schule, aber ich bin in der Schule", die Verbpaare legen/liegen oder stellen/stehen zusammen mit den Wechselpräpositionen sind gute Beispiele dafür. In der Zeit als Unistudenten überraschte uns die Komplexität der deutschen Sprache, und wir erkannten, dass die Realität anders wahrgenommen werden musste. „Jedes Mal, wenn du einen Satz z.B. mit dem Verb ‚gehen' bildest, musst du auf den richtigen Kasus aufpassen." „Was für ein Wahnsinn, wenn ich die Arbeit auf einer Baustelle beschreiben soll, da geht es nur um hin und her tragen, bringen, legen, stellen, was steht/liegt/hängt wo usw." Ich konnte mir nicht vorstellen, als ausländischer Ingenieur Anweisungen im Deutschen in einer solchen Lage zu geben. Glücklicherweise mussten wir keine Baustelle in Caracas besuchen und vor Ort das frisch Gelernte üben. Auf Spanisch und in anderen Sprachen, die ich danach lernte, gibt es keinen Unterschied, egal ob es ein normales oder ein Bewegungsverb ist. Im Russischen ist es aber eine andere Geschichte: Die Auseinandersetzung zwischen Bewegung und Zeit geht einen Schritt weiter: Nicht nur muss man an die Bewegung denken, sondern auch an den zeitlichen Rahmen, d. h., findet die Handlung gerade statt, oder geht es in diesem Fall um eine ständige, wiederholte Handlung? Gott sei Dank haben mich keine russischsprachigen Leute nach dem Weg in Metern gefragt ...

Word, sweet word

Home, sweet home ... nein, hier geht es nicht um Heimgefühle, sondern um Wörter. Ja, jede Sprache hat Hunderte/Tausende Vokabeln, ein guter Anteil davon sind Fremdwörter, die gänzlich oder teilweise angepasst wurden. Vokabeln erlauben uns, Informationen zu geben und zu verstehen. Wenn man mit einer Fremdsprache anfängt, hat man das unangenehme Gefühl, nicht alle Ideen ausdrücken zu können. Da ist unser Wortschatz nicht so breit. Das Gefühl habe ich ebenfalls erlebt, als ich eine Sprache nicht so regelmäßig geübt habe. Es gibt Emotionen, die man ausdrücken will, man findet aber die passenden Worte nicht. Als Anfänger ist es nicht immer leicht, diese Vokabellücken zu überwinden. In wichtigen Fällen oder bei Problemen war es einfacher und schneller, auf Englisch zu reden oder in einer anderen Sprache, die ich beherrsche. Gleich danach war ich ein bisschen frustriert, aber gleichzeitig beruhigt, dass alles gelöst beziehungsweise geklärt wurde. Das Beste jedoch war, dass ich jedes Mal etwas daraus gelernt habe und die notwendigen Wörter im Anschluss heraussuchte, um für das nächste Mal vorbereitet zu sein. Meiner Meinung nach macht es Sinn, eine kurze Liste mit nützlichen Vokabeln aufzuschreiben oder ein kleines Wörterbuch mitzuhaben (für den Fall der Fälle!).

Ich will aber kommunizieren!

Jede Sprache hat Tücken. Die deutsche Sprache hat den Ruf, schwer zu sein. Trotzdem merken meine Schüler und Studenten, dass andere Sprachen auch Merkmale haben. „Zum Glück ist dieser Aspekt der Grammatik nicht so wie auf Deutsch", sagten manche von ihnen erleichtert. Der spanische *subjuntivo* (Subjunktiv), die französische Aussprache, die unterschiedlichen *verb tenses* und *phrasal verbs* im Englischen oder die russischen Verbaspekte können ziemlich herausfordernd sein. Mit solchen Besonderheiten sollte man sich am besten mithilfe von Beispielen und mit viel, viel Lesen beschäftigen. Je mehr man ihnen in schriftlicher oder mündlicher Art begegnet, desto einfacher fällt es dem Gedächtnis. Es ist aber klar, dass wir uns schwierige Merkmale einer neuen Sprache erst merken können, nachdem wir solide Grundkenntnisse erreicht haben. Nichtsdestotrotz habe ich von anderen Menschen gehört und selbst erlebt, wie einige Sprachlehrer Anfängern eher komplizierte Inhalte erklärten. Diese waren aber noch nicht relevant für sie. Und ich bin mir sicher, dass diese Art von Information schnell vergessen wird. Denn man hat andere Prioritäten als Anfänger: Man will einfach etwas sagen können, verstehen, lesen und einfache Sätze schreiben. Ein kleines Beispiel: Eine der ersten Sachen, die man auf Deutsch lernt, ist die Frage „Wie geht es dir?". In dieser Lernphase sollte man noch nicht verstehen, dass „dir" ein Dativpronomen ist. Glücklicherweise hat meine Deutschlehrerin in den ersten Kurswochen diese Kleinigkeit gar nicht erklärt.

Der Kampf um die richtige Aussprache

Das Erste, was man vor Wörtern lernt, sind Laute. Jede Sprache hat eine bestimmte Anzahl an solchen Lauten. Nachdem man das Alphabet gelernt hat (im Falle einer Sprache mit Alphabet), kann man sich die Ausnahmen merken. Dafür aber braucht man eine gewisse Zeit, bis diese Besonderheiten im Kopf gespeichert werden, vor allem wenn die neue Sprache Laute hat, die es in unserer Muttersprache oder in anderen gelernten Sprachen nicht gibt. Für mich war es häufig eine Mischung aus Überraschung und Zweifel zu sehen, wie ein schon gelernter Laut mit einigen Vokal- oder Buchstabenkombinationen nicht mehr gleich klang. Oder schlimmer noch: nur mit ein paar Wörtern! Es fühlte sich manchmal wie ein Labyrinth an: Ein Weg führte zu einer Gasse und diese dann zu einer anderen ohne Umweg. Mit der Zeit lernte ich, ein bisschen mehr Geduld in dieser Hinsicht zu haben. Zweifellos will man so schnell wie möglich in der Lage sein, verstanden zu werden.

Die Schwierigkeit einer Sprache wird gewöhnlich durch die im ersten Eindruck komplizierte Aussprache bewertet. Viele denken, die deutsche Aussprache ist dementsprechend schwerer als die französische oder die englische. Natürlich ist die Länge mehrerer deutschen Wörter beängstigend. Aber die Aussprache des Englischen oder des Französischen ist eigentlich nicht zu unterschätzen. Schrift und Phonetik passen meist nicht zusammen. Man schreibt etwas, das manchmal komplett anders ausgesprochen wird. In dieser Hinsicht ist Französisch am lustigsten: Man schreibt viel, liest aber normalerweise nur die Hälfte vor. Wenige Endungen werden tatsächlich ausgesprochen. Warum muss man sich die Mühe geben, zu schreiben, was in der mündlichen Sprache gar nicht wahrgenommen wird? Für die Französisch-Muttersprachler ist es aber kein Thema. Für mich selbst und danach für meine Schüler war Französisch ein gutes Beispiel komplexer Aussprache. „Wie kann ich wissen, wie ich ein neues Wort richtig ausspreche?", fragten viele verzweifelt. „Entweder suchst du die phonetische Übersetzung im Wörterbuch oder du versuchst, das Wort auszusprechen, und wartest auf eine Korrektur deines Lehrers", wäre die vernünftigste Antwort darauf. Dieses Phänomen habe ich ebenfalls mit dem Englischen erlebt, als ich eine neue Vokabel zum ersten Mal sah. Da versuchte ich durch mein Sprachgefühl herauszufinden, ob das Wort so oder so ausgesprochen wird, nicht immer erfolgreich natürlich. Bezüglich des Ratens bei der Aussprache: Bei einer Sprache wie Chinesisch hat man einfach kein Gespür dafür! Als ich als frische Unistudentin meinen ersten Chinesischkurs besuchte, war mir klar, diese Sprache folgt keiner der Kriterien, die mir bei anderen Fremdsprachen klar waren: kein Alphabet, keine Aussprachregeln, nur diese für Chinesischlernende konzipierte Methode *pinyin* (chinesische Töne werden mit Hilfe des romanischen Alphabets dargestellt, d. h., ein chinesisches Schriftzeichen entspricht meistens einer Silbe). Nachdem ich ein paar Kurse gemacht hatte, musste ich leider merken, wie schnell ich die Aussprache mehrerer Zeichen vergaß, wenn ich nicht regelmäßig übte. Heutzutage bin ich mir aber sicher, dass nicht alles verloren ist. Sicherlich muss ich beim nächsten Mal dranbleiben, sonst geht es nie weiter. Es war gleichzeitig ein bitterer, nötiger Kampf. Damals war es ein tolles Gefühl, diese exotischen Zeichen lesen zu können. Ich war zumindest nicht mehr 100 % Analphabetin. Ich habe vor, irgendwann nochmals einen Chinesischkurs zu besuchen und meine Sprachkenntnisse aufzufrischen. Klar wird es mit einem Kind (oder zwei, drei?) spannend, aber ich möchte diesen Traum nicht aufgeben. Die chinesische Sprache wird voraussichtlich in den nächsten Jahren an Bedeutung gewinnen. Zudem habe ich damals mehrere Bücher gekauft, und ich will nicht, dass sie nur im Regal Staub fangen.

Egal welche Sprache man gerade lernt, wichtig ist, sich mit der Aussprache ein bisschen mehr zu beschäftigen. Denn eine gute Aussprache macht immer einen guten Eindruck. In meinem Fall dachten einige Personen, ich könnte ihre Sprache perfekt reden, nur wegen meiner Aussprache. Das hatte aber Vor- und Nachteile, wie man sich schon vorstellen kann, besonders während der Arbeit mit Touristen.

Ausnahmen gibt es immer!

Wenn man als Erwachsener mit einer Fremdsprache anfängt, helfen Regeln, die Struktur der neuen Sprache bestmöglich zu verstehen. Wenn die Muttersprache eine ähnliche „Konfiguration" hat, ist es normalerweise leichter, die Logik der Fremdsprache schneller zu kapieren. Was man aber nicht vermeiden kann, sind Ausnahmen. Für mich war es immer beeindruckend zu merken, wie viele unterschiedliche Aspekte zwei Sprachen, die zur gleichen Familie gehören (z.B. Lateinisch, Slawisch, Germanisch) haben. Einerseits sieht es seltsam aus, warum ein Sprachphänomen nur für diese Sprache und nicht für die andere gilt. Andererseits geben Ausnahmen das Gefühl, man hat schon etwas fix gelernt, und nun muss man sich die „Antiregel" merken. Oft sind diese Ausnahmen auswendig zu lernen. Wie geht es trotzdem weiter? Am besten mit einem Wortspiel, mit Musik, mit Bildern, mit Farben … egal wie, diese sollten irgendwann von unserem Gedächtnis gespeichert werden. In Lehrwerken werden sie meist in einer Tabelle und mit bunten Farben zusammengefasst. Oder für die Lernenden mit einem Anrufzeichen oder mit einer kleinen Zeichenfigur (einem Tier, einem Menschen, einem Lehrer …) auffällig gemacht. So oder so wird nach Aufmerksamkeit gefragt!

„Eine andere Sprache ist wie eine andere Sicht auf das Leben."
Federico Fellini (italienischer Filmemacher)

KURIOSES

Wie viele Wörter hast du im Kopf?

Diese Frage hat meine Mutter mir oft gestellt, als ich neue Sprachen lernte. „Wie kannst du dir so viele Wörter in verschiedenen Sprachen merken? Wie schaffst du das?" Ich glaube, sie war selbst ein bisschen frustriert, Vokabeln auf Englisch nicht ohne Schwierigkeiten lernen zu können. Eine passende Antwort auf diese Frage war nicht leicht zu finden. Meine Mutter war aber nicht die einzige Person, die meine Sprachkenntnisse bewundert hat. Für viele sieht es unmöglich aus, sich Hunderte Wörter in mehr als drei, vier Sprachen zu merken. Wenn ich an ein Wörterbuch denke, ist es klar, dass kein Mensch alle Vokabeln seiner Muttersprache kennt. Wenn man die Fachbegriffe auch berücksichtigt, merkt man schnell, dass nur ein paar Tausend Wörter für den Alltag (oder ein paar Hundert, wenn überhaupt) tatsächlich notwendig sind. Hinzu kommen noch: neue Begriffe und Anglizismen. Von einem Übersetzer wird in der Regel erwartet, dass er alle Wörter in seinen Arbeitssprachen kennt. „Wieso kennst du das Wort nicht? Du bist Übersetzer, oder …?", habe ich mehrmals direkt oder indirekt gehört. Stimmt, wir sollten ausreichend Vokabeln kennen, aber ein Übersetzer ist kein lebendiges Wörterbuch. Sicher habe ich viele Wörter im Kopf, doch die Quantität finde ich nicht so beeindruckend, sondern die Fähigkeit, diese Vokabeln latent im Gedächtnis zu haben, bis sie abgerufen werden. Das ist mir im Unterricht schon passiert, als meine Schüler nach einem Wort fragten, das ich seit langer Zeit nicht mehr verwendet hatte. Irgendwie konnte ich mich noch daran erinnern. Als ich mir nicht 100 % sicher war, suchte ich das Wort, und es kam mir sofort bekannt vor. Am schwierigsten finde ich Wörter, die in zwei Sprachen wie Spanisch und Portugiesisch gleich sein können, aber auf Portugiesisch hat man ein anderes Wort dafür, und das spanische Wort wirkt fremd. Das verunsichert mich ab und zu noch, doch das erleben auch Personen, die ähnliche Sprachen gelernt haben.

Wortschatz spielt eine herausragende Rolle beim Sprachenlernen. Es gibt nach wie vor eine große Diskussion zwischen Sprachlehrern, ob Grammatik die führende Rolle im Unterricht hat. Ich denke, es hängt vom Schulsystem ab. Wie wird die Muttersprache unterrichtet? Eine Deutschtrainerin erzählte, dass ihre Studenten aus Russland oder aus Ländern mit slawischen Sprachen sowie Studenten aus Japan oder Südkorea sich sehr bemühten, alle Verbformen zu beherrschen und sie beim Reden aktiv anzuwenden, obgleich manche Strukturen im Alltag – wie das Zustandspassiv im Futur I oder II mit Modalverben – kaum oder gar nicht verwendet werden. Für diese Schüler hatte Grammatik einen hohen Stellenwert, wahrscheinlich weil sie in der Schule viele Grammatikübungen in ihrer Erstsprache machten. Ja, Grammatik hilft, aber mit einem beschränkten Wortschatz kann man mehr Schwierigkeiten bei der Kommunikation erfahren.

Sprachkompetenz C2

C2, die höchste Ebene, das Maximum, von dem viele Sprachlerner träumen. Manchen von ihnen macht es Angst zu denken, sie werden dieses Niveau im Leben nie erreichen. Die Frage ist aber, ob man überhaupt so eine Sprachbeherrschung im Privat- oder Berufsleben braucht. Mehrere Sprachschulen und Bildungseinrichtungen bieten alle Stufen laut GERS (Gemeinsamer europäischer Referenzrahmen für Sprachen), inklusive des gefürchteten C2. Mehr als einmal habe ich überlegt, ob ich in meinem Lebenslauf wirklich C2 bei der Sprachkompetenz eingeben sollte. „Na ja, an der Uni musstest du Deutsch und Französisch absolut beherrschen, sonst hättest du dein Diplom als Übersetzerin/Dolmetscherin nicht erhalten, oder?", dachte ich mir einfach. Aber Moment mal: Was bedeutet eigentlich diese Sprachkompetenz C2? In der offiziellen Beschreibung steht, dass man bei allen Lebenssituationen und in all den verschiedenen Bereichen alles versteht und fähig ist, sich fachlich problemlos auszudrücken. Außerdem stellen Dialekte keine Schwierigkeiten dar. Stimmt es trotzdem so? Kein Muttersprachler kennt alle fachlichen Begriffe seiner Sprache. In der Regel werden Akademiker und Fachleute Experten in einem bestimmten Bereich. Bei der Arbeit passiert es genauso. Wer in einem Hotel arbeitet, braucht allerdings andere Vokabeln und Redewendungen als derjenige, der auf einer Baustelle, bei einer Bank oder in einer Arztpraxis tätig ist: Während meiner Ausbildung als DaF/DaZ-Trainerin wurde der GERS analysiert, und die Kursteilnehmer haben gemeint, C1 sei schon eine sehr hohe Stufe. Einer von ihnen war der Ansicht, sogar Muttersprachler erreichten nur C1. Für ihn war C2 kaum vorstellbar. Im Wesentlichen ist C2 nicht realistisch. Man benötigt nicht alle Wörter einer Sprache, weder im Alltag noch im Beruf. Zusammenfassend ist und bleibt C2 ein Mythos. ☺

Du hast deinen Akzent verloren!

Bei meiner Arbeit am Flughafen habe ich viele Dinge mit Passagieren aus der ganzen Welt erlebt. Für mich aber war es merkwürdig zu hören, als Personen aus Spanien oder Lateinamerika mir sagten, dass ich meinen Akzent verloren habe. „Du bist aus Venezuela, doch dein spanischer Akzent klingt anders, als ob du keine Venezolanerin wärst." Diese Aussage hat mich überrascht, und danach habe ich mir gedacht: „Kann es sein, dass der tägliche Kontakt und die aktive Verwendung einer Fremdsprache irgendwie einen Einfluss darauf haben können?" Seit ich in Österreich lebe, spreche ich täglich Deutsch – noch mehr, seitdem ich meinen Mann kennengelernt habe – und andere Fremdsprachen mehr als meine Muttersprache. Anscheinend sind meine Artikulationsorgane durch dieses aktive Sprachtraining flexibler geworden, wenn ich das sagen darf. Ob das der Grund des modifizierten Akzents ist, wäre wahrscheinlich ein Forschungsfeld der Medizin oder der Sprachwissenschaft.

Seitdem ich im Ausland wohne, ist meine allgemeine Sprachkompetenz irgendwie aktiver geworden, nicht nur für die Sprachen, mit denen ich mich während meines Studiums (Französisch und Deutsch in Venezuela, Englisch und Französisch in Frankreich, Deutsch in Österreich) intensiv beschäftigt habe. Ich habe das Gefühl, täglicher Kontakt mit einer Fremdsprache hilft auch beim Auffrischen anderer Sprachen. Mein Kopf sucht bewusster nach Wörtern, auch wenn ich auf Spanisch rede.

Gefahr: Fremdwort dazwischengerutscht!

„Wie schaffst du es, mit mehreren Sprachen im Kopf? Mischt du die nicht? " Als ich mit einer neuen Fremdsprache angefangen habe, merkte ich, dass mein Gehirn oft nach Wörtern in anderen Sprachen suchte. Zunächst fand ich es irritierend, merkte aber nach einer gewissen Zeit, dass es nicht mehr der Fall war. Ich glaube, dass jede Person, die eine neue Sprache lernt, dieses Phänomen erfährt, welches in 99 % der Fälle unerwünscht ist. Wie kann man es dann vermeiden? Meiner Meinung nach geht es hier nicht um Fehlervermeidung, sondern um Anpassung an die neue Sprache. Je weniger gespeicherte Vokabeln in der Fremdsprache, desto mehr sucht das Gehirn nach einer schnellen „Lösung". Oder es kommt einfach ein *Ähhh* ... Das ist mir sogar mit Spanisch passiert. Ich dachte an ein Wort, und plötzlich kam die erste Silbe dieses Wortes ... auf Deutsch!!! Ich habe ganz schnell weitergesprochen, und meine Eltern haben es nicht bemerkt, aber mir war es ganz bewusst, dass ich in dieser Millisekunde automatisch (mit) Deutsch geswitcht (getauscht) habe. Neulich erlebte ich dieses Phänomen mit Rumänisch, meiner jüngsten Fremdsprache. Damals lernte ich Russisch, und die ersten Wochen kamen russische Wörter in meinen Mund, bevor ich die rumänischen Vokabeln formulieren konnte. Und es passiert auch, dass mein russischer Wortschatz jetzt viel geringer ist, seitdem ich auf Rumänisch fokussiert bin. Der Kontakt mit rumänischen Freunden und Kollegen gibt mir mehr Bewusstsein und motiviert mich, weiterzulernen. Wenn diese Freunde oder Kollegen aus Russland wären, hätte ich wahrscheinlich nicht so viel Russisch vergessen.

Eine kurze Terminator-Geschichte

Sprachen können uns ab und zu durch nur eine Vokabel prägen. Wörter wie Google, iPhone, Omelette, Pizza, Karaoke, Yoga, Yin und Yang u. a. sind international geworden und den meisten Leuten klar. Kulturangebote (Kino, Theater, Musik …) haben bereits mehrere Wörter zum Star gemacht, zum Beispiel das Wort *terminator*. Nicht nur die Darstellung Arnold Schwarzeneggers hat diese Figur und Sprüche wie *„Hasta la vista, baby"* oder *„I'll be back"* legendär gemacht, sondern auch die Wortbedeutung zusammen mit der Rolle eines Roboters, der gleichzeitig Retter und Killer ist. Für einige ist es unvorstellbar, einen anderen Schauspieler als Terminator auf der Leinwand zu sehen. Dieses Wort in einem anderen Kontext zu hören oder lesen kann für Lachen oder Überraschung sorgen. Genauso ist es mir passiert, als ich mit einer Freundin an einem tschechischen Bahnhof auf unseren Zug nach Wien wartete. Alle Durchsagen waren selbstverständlich auf Tschechisch. Danach kam die englische Übersetzung. Plötzlich hörte ich: *This train terminates here*. „Habe ich das richtig gehört?", dachte ich mir. Später hörte ich wieder dieselbe Durchsage. Es war das erste Mal, dass ich das englische Verb *to terminate* an einem Bahnhof hörte. Es war einfach witzig! Leider ist der Terminator selbst nicht erschienen.

Aufgepasst: Vorstellungsgespräch

Als ich mit mehreren Schülern das Thema Bewerbungsgespräch diskutiert habe, musste ich sie auf ein fiktives Vorstellungsgespräch vorbereiten. Die meisten von ihnen hatten Unterlagen dazu, und wir haben die typischen Fragen zusammen beantwortet. Lustig für mich war festzustellen, dass ich im Laufe meines Lebens noch kein einziges Gespräch dieser Art in meiner Muttersprache hatte! Mein erstes Bewerbungsgespräch war auf Französisch für einen Ferienjob als Französischlehrerin in meiner Heimatstadt, danach auf Deutsch bei der österreichischen Botschaft, dann wieder auf Deutsch, als ich mich um Jobs in Wien beworben habe. Sich um einen Job zu bewerben verlangt schon Zeit und Ausdauer, speziell wenn es nicht läuft, wie wir es uns wünschen. Schwieriger ist es, wenn man noch dazu alles in einer Fremdsprache vorbereiten muss. Beim ersten Vorstellungsgespräch hatte ich nämlich Angst, nicht alle Fragen richtig zu verstehen oder dumme Fehler zu machen beim Reden. Zum Glück ist alles gut gelaufen, und ich habe den Job bekommen. Ohne gute Vorbereitung und Selbstvertrauen hätte es gar nicht geklappt.

Im Laufe der Jahre habe ich beobachtet, dass es für viele Leute (insbesondere die jüngeren Generationen) mehr um Selbstverwirklichung, Spaß bei der Arbeit und eine bessere Vereinbarung zwischen Job und Freizeit/Familie als um Gehalt und Prestige geht. Von entscheidender Bedeutung ist, sich klare Ziele zu setzen und die eigenen Fähigkeiten nicht zu unterschätzen, auch wenn wir das Gefühl haben, das Profil der ausgesuchten Arbeitsstelle ist zu anspruchsvoll für unsere Kompetenzen beziehungsweise für unseren Studiengang. Klare, konkrete Ziele sind auch beim Sprachenlernen nötig ... wer viel beginnt, es zu nichts bringt!

„Du hast so viele Leben, wie du Sprachen sprichst."
Tschechisches Sprichwort

KLISCHEES RUND UM SPRACHEN

Mehrsprachigkeit hat auch Klischees

Es gibt viele Klischees rund um das Thema Mehrsprachigkeit. Ich habe nun die wichtigsten aufgelistet, die mit meiner Person selbst wenig zu tun haben.

- Fremdsprachen kann man nur besser lernen, wenn man noch klein ist.
- Fremdsprachen lernt man nur, wenn man in dem Land ist, wo diese gesprochen werden.
- Wenn die Eltern oder andere Verwandten in anderen Sprachen kommunizieren, kann man eine Fremdsprache leichter lernen.
- Als Erwachsener ist es schon spät, um sich mit einer neuen Fremdsprache zu beschäftigen. Das Lernen ist zu aufwendig!
- Mehrsprachige Kinder werden keine Schwierigkeiten mit ihren Sprachen in der Zukunft haben.
- Nur „Sprachgenies" können mehrere Sprachen beherrschen. Normale Menschen aber nicht.

Natürlich ist ein gewisses Talent vorteilhaft, ich glaube aber mehr an die Disziplin und an das Ausdauervermögen, die notwendig für unser alltägliches Leben sind – früh aufstehen, um in die Arbeit zu fahren und die Kinder zur Schule zu bringen (auch wenn wir nicht gut geschlafen haben), Diät machen (aber richtig), gesund bleiben, Sport treiben, Kinder gut erziehen, ein besseres Zeitmanagement, Erfolg im Beruf haben, Freunde treffen usw. Ich habe auch nicht jeden Tag Zeit, um 2 oder

3 Stunden meine neue Fremdsprache zu lernen, versuche aber trotzdem effektiv zu lernen, wenn ich Zeit dafür habe. Wenn ich beschäftigt bin, schaffe ich es einmal pro Woche (wenn überhaupt). Mit der Zeit habe ich gelernt, dass zu ehrgeizige Ziele zum Schluss wenig bringen. Besser sind kleine, aber sichere Schritte. Nicht umsonst sagen die Italiener *chi va piano, va sano e va lontano*. Auf Deutsch sagt man zum Beispiel: „Mit Ruhe und Ausdauer kommt man ans Ziel", „In der Ruhe liegt die Kraft", „Wer langsam fährt, kommt auch ans Ziel" oder ansonsten „Langsam und vorsichtig gewinnt man das Rennen".

Einsprachig, eine Persönlichkeit. Zweisprachig, zwei Persönlichkeiten?

Mit Sternzeichen Zwillinge passiert es sehr oft, dass uns zwei Persönlichkeiten automatisch zugeteilt werden. So was wie „Dr. Jekyll und Mr. Hyde": einerseits ein unglaublich toller Mensch, andererseits ein schrecklicher Typ. Ich fand es amüsant zu denken, jemand könnte so unterschiedlich sein, als ob er oder sie tatsächlich zwei Geister in seinem/ihrem Kopf hätte. „Eine andere Sprache zu sprechen bedeutet, eine zweite Seele zu besitzen", sagte der König und Herrscher Karl der Große. Wie schon erwähnt wurde, hat Sprache viel mit Kultur zu tun. Warum gibt es Wörter, die sich in andere Sprachen nur schwer übersetzen lassen? Oder überhaupt nicht? Warum hat man das Gefühl, ein Wort klingt besser in einer bestimmten Sprache? Landeskunde und Interkulturalität sind zwei Aspekte, die im Laufe des Sprachenlernens Einfluss auf die persönliche Einstellung gegenüber einer Sprache haben. Wir lernen zum Beispiel, dass französischsprachige Leute nicht so schnell wie Spanischsprechende Leute duzen. Oder wir merken, wir müssen unsere Gedanken anders ordnen, bevor wir sie in einer Fremdsprache verbal ausdrücken. Sowohl der Wortschatz als auch die Stimmung ändern sich. Ich habe den Eindruck, ich fühle mich *relaxed* und chillig, wenn ich

Englisch rede. Auf Portugiesisch ist es eine Mischung aus Lebensfreude und Sympathie. Auf Französisch fühle ich mich *chic* mit einer Prise Charme und *savoir de vivre*. Auf Griechisch ist es die Wärme und die Schönheit des Lebens, auf Deutsch die Präzision und Entschlossenheit, auf Italienisch die Melodie und ein gewisser Gusto. Auf Niederländisch eine gewisse Lockerheit und Freiheit, auf Russisch die Verschlossenheit mit Überraschungseffekt, auf Rumänisch die Offenheit und Kollegialität. Ich denke schon, eine zweite Persönlichkeit entwickelt sich in uns, wenn wir Fremdsprachen lernen.

Persönliches Archiv
Auf meiner Reise in Zypern stand ich vor dieser Tafel. Ja, die griechische Sprache ist geprägt von einer langen Tradition und Geschichte.

"Είμαστε οι μόνοι σ' ολόκληρη την Ευρώπη
που έχουμε το προνόμιο να λέμε τον ουρανό „Ουρανό"
και τη θάλασσα „Θάλασσα"
όπως την έλεγαν ο Όμηρος και ο Πλάτωνας
πριν δυόμισι χιλιάδες χρόνια."

Οδυσσέας Ελύτης
Νόμπελ λογοτεχνίας 1979

Σ' αυτό τον ονειρικό Ουρανό και την θάλασσα, κλειδώστε τον έρωτα σας...
Γέφυρα Ερωτευμένων

"We alone, in all of Europe
Have the privilege of calling the Sky "Ourano"
And the sea "Thalassa"
Just like Homer and Plato called it
Two and a half thousand years ago"

Odysseus Elytis
Nobel Prize in Literature 1979

Here, at the dreamy sky and sea
Lock your love... Bridge of the Enamoured

ΕΓΚΑΙΝΙΑΣΤΗΚΕ ΕΠΙ ΔΗΜΑΡΧΙΑΣ ΓΙΑΝΝΗ ΚΑΡΟΥΣΟΥ
ΣΤΙΣ 14 ΦΕΒΡΟΥΑΡΙΟΥ 2014.
UNVAILED BY MAYOR YIANNIS KAROUSOS ON
THE 14TH OF FEBRUARY 2014.

Sprachenlernen geht nicht unbedingt automatisch

Im Land zu wohnen, wo die Fremdsprache gesprochen wird, ist ein klarer Vorteil. Was aber nicht gleich bedeutet, dass die Sprache automatisch gelernt wird. Sicherlich haben wir schon von Menschen gehört, die jahrelang in einem Land leben und die Amtssprache kaum oder gar nicht können. Wieso geht das? Wie haben diese Leute dann überlebt? Waren sie immer von jemandem abhängig? Wie war ihr Alltag? Fühlten sie sich isoliert oder frustriert, weil die Sprache ihnen schwerfiel? Oder glaubten sie, es reicht, nur zu verstehen, was andere sagen? Als Migrantin kann ich mir schwer vorstellen, wie ich es ohne Sprachkenntnisse im Ausland schaffen würde. Möglicherweise war meine Situation anders, da ich als Studentin nach Österreich gekommen bin. Dank meinen Deutschkenntnissen u. a. wurde ich an der Uni zugelassen und konnte von Anfang an allein zurechtkommen, beispielsweise Wohnungssuche und bürokratische Wege, denn niemand in meiner Familie spricht Deutsch, und ich musste mich selber um alles kümmern. Es war vorteilhaft für mich, dass ich schon die Sprache konnte und im Ausland studieren wollte. Nichtsdestotrotz kann man kurz überlegen und an die Leute denken, die unfreiwillig ausgewandert sind. Wie wäre es für Sie, lieber/liebe Leser/Leserin, in einem neuen Land mit ganz unterschiedlicher Sprache und Kultur ohne Arbeit und ohne fixen Wohnort? Ab und zu sind Vergleiche notwendig, um die Komplexität der Situation zu begreifen. Im Unterricht setze ich auch auf kulturelle Besonderheiten. Nicht nur zeigen die Teilnehmer mehr Wertschätzung ihrer eigenen Kultur gegenüber, sondern auch Neugier und Interesse über das Herkunftsland der anderen.

Ich bin der Meinung, dass jede Lernphase eine Bereicherung mit sich bringt. Klar sind wir erleichtert, nachdem wir komplizierte Grammatikregeln vollkommen verstanden haben und uns ohne viele Gedankensprünge ausdrücken. Trotzdem sollten wir die Entwicklung unserer Sprachkenntnisse nicht vergessen. Nach jahrelanger Arbeit im Verkaufsbereich habe ich bemerkt, dass viel Wert auf den Umsatz gelegt wurde und weniger auf die Schritte zum Erfolg. Das Ergebnis ist leichter messbar als die erforderlichen Anstrengungen. Ich finde es aber wichtig, den gegangenen Weg und nicht nur das Ziel im Auge zu behalten.

Die sprachliche Grenze und die Wassermühle

Der Begriff Grenze ist heutzutage kaum wegzudenken, insbesondere nach den Migrationsströmen der letzten Jahre. Eine Grenze gibt eine gewisse Sicherheit und definiert, was zu einer Gruppe gehört und was nicht. Grenzen haben verschiedene Formen und Größen, die meisten sind geografisch. Es gibt aber auch künstliche Grenzen, die vom Menschen gebaut werden. In der Tierwelt ist die Feststellung des eigenen Territoriums ein Überlebensfaktor. Man spricht normalerweise von einer sprachlichen Grenze im Sinne einer Hürde, die die Kommunikation einschränkt und Leute oft zum Verzweifeln bringt. Das Gefühl zu haben, nicht verstanden zu werden, ist ziemlich unangenehm und bedeutet Frust und Hilflosigkeit. Wenn man eine Fremdsprache lernt, wird diese Sprachgrenze Schritt für Schritt überwunden. Bei manchen Personen geht es schneller, andere brauchen viel mehr Zeit. Speziell Erwachsene werden rasch ungeduldig, und ihre Motivation und ihr Durchhaltevermögen stehen vor einer harten Probe. Durch meine Arbeit als Sprachtrainerin für Erwachsene habe ich jede Menge Meinungen und Anmerkungen über sprachliche Schwierigkeiten gehört und wurde mehrfach nach guten Ratschlägen gefragt.

Das perfekte Sprachrezept gibt es nicht. Natürlich sind wichtige Zutaten wie eine motivierende Lernumgebung, adäquate Lernmaterialien (nicht unbedingt die teuersten) sowie die Bereitschaft, Fehler zu machen und daraus zu lernen, entscheidend für den Lernerfolg. Während eines entspannenden Wochenendes in einem österreichischen Resort beobachtete ich mehrmals die Wassermühle, die im Garten neben der Finnischen Sauna stand. Nicht nur das Geräusch, sondern auch den Rhythmus des fallenden Aufschlagwassers fand ich beruhigend und fließend. Nur wenn eine Ebene voller Wasser ist, wird die Mühle angetrieben. Eine bestimmte Kapazität muss erreicht werden, damit die Mühle sich weiterbewegt und Wasserkraft erzeugt. Beim Erlernen einer Fremdsprache ist es in Wahrheit nicht anders: Sobald sich die Grundkenntnisse in unserem Gedächtnis gut gefestigt haben und eine gewisse Wortzahl verfügbar ist, kann man auf die nächste Stufe aufsteigen. Ohne Antrieb, d. h. ohne ausreichende Sprachmittel, bleibt die Ebene halb voll, und die Kenntnisse können weder weiter fließen noch ausreichend für die folgende Etappe sein.

Mann oder Frau: Wer lernt Sprachen am besten?

Nach vielen Lektüren über beeindruckende mehrsprachige Persönlichkeiten – manche sehr bekannt wie Papst Johannes Paul II. – ist es mir aufgefallen, fast alle waren Männer. Auch aktuelle Profile mehrsprachiger Personen wurden meistens von Männern geschrieben. Bedeutet es, dass Frauen weniger sprachbegabt sind als Männer? Oder vielleicht haben die meisten Frauen – ich fallweise inklusive – entweder wenig oder keine Zeit, sich dem Lernen mehrerer Sprachen zu widmen? Zwischen Studium, Arbeit, Karriere, Familie & Co. bleibt nicht so viel Zeit übrig. Damals hatten viele Frauen beschränkten Zugang zur Bildung und waren viel mehr mit dem Haushalt beschäftigt. Es sieht so aus, als ob Männer eine vorteilhafte Position in Bezug auf Sprachenlernen hatten. Zum Glück hat sich diese Situation zugunsten der Frauen verbessert. In der Geschichte gab es aber immer wieder Frauen, die ein unglaubliches Sprachtalent hatten und andere stark inspiriert haben, wie Königin Elisabeth I. oder die Ungarin Kató Lomb.

Die meisten Kursteilnehmer, mit denen ich Sprachkurse besucht habe, waren Frauen. Einige wissenschaftliche Studien beweisen, dass die Kommunikationsfähigkeiten der Frauen stärker sind. Meiner Meinung nach hängt es von der Person ab, ob er oder sie optimale Rahmenbedingungen hat, sich mit den

Fremdsprachen effizient zu beschäftigen. Ich glaube fest daran, dass jeder von uns Gaben hat, die unser tägliches Leben bereichern und der Gesellschaft dienen.

Fanatismus Feminismus

Ein interessantes Sprachphänomen, das sich in den letzten Jahren in mehreren Ländern entwickelt hat, ist die „feministische" Sprachverwendung. Die Sprache wird frauenfreundlicher, indem zum Beispiel in den Gesetzen oder offiziellen Dokumenten die weibliche Form aller Substantive geschrieben wird. „Alle Studentinnen und Studenten, alle Männer und Frauen, alle Lehrer und Lehrerinnen u. a." Beispiele gibt es genug. Das Beste für mich vielleicht ist die aktuelle Version der venezolanischen Verfassung. Ich erinnere mich an die Analyse eines Artikels dieser Verfassung bei einer Univorlesung. Wir fanden alle wirklich übertrieben, dass jedes Wort in beiden Geschlechtern geschrieben wurde. Danach haben wir nachgedacht, ob die Frauen mehr Rechte in unserer Gesellschaft erhalten, weil sie überall angesprochen werden. Ich vermute, dies ist leider in vielen Ländern und Regionen der Erde noch nicht der Fall. Eine Sache ist, die Sprache zu verschönen, und eine andere wäre, die Wahrheit durch Wörter zu beschreiben.

Feminismus in der Sprache hilft nicht unbedingt den Betroffenen. Möglicherweise ist es nur eine politische oder soziale Ausrede, die Damen besser (zumindest schriftlich) zu integrieren und loben. Wörter und Taten passen nicht immer zusammen – ich lande wieder bei der Rede mancher Politiker und Aktivisten. Oder bei vielen Werbespots. Etwas mit der Sprache absichtslos zu versprechen schafft schließlich nichts. Wille ist auch gefragt!

„Sprache ist der Schlüssel zur Welt."
Alexander von Humboldt (deutscher Naturforscher)

SPRACHEN IM 21. JAHRHUNDERT

Englisch ist Lingua franca, und das reicht …

Stimmt, mit Englisch kann man fast überall reisen und sich verständigen (in den meisten Ländern Lateinamerikas ist es aber noch nicht der Fall). Ich war selbst zwei Wochen mit meinen Großeltern in Skandinavien unterwegs, und auf Englisch konnte ich alles nachfragen, obwohl ein paar Missverständnisse in einem Spitzenrestaurant oder unterwegs nicht zu vermeiden waren. Auf meinen Reisen ist es mir aufgefallen, dass die Englischübersetzungen nicht immer die gesamten Infos der Originalsprache beinhalteten oder sogar Fehler hatten, manchmal kleine, manchmal große. Ein bisschen wie in vielen Museen, wo die englische Version manchmal ein Viertel des Textes der Originalsprache berücksichtigt oder einfach eine Zusammenfassung ist. Mehr Sprachen heißt schließlich mehr Info! Als Tourist/in kann man nicht verneinen, dass es praktisch und angenehm ist, diese Infos in seiner/ihrer Muttersprache zu lesen oder hören. Das kenne ich schon lange aus meiner Arbeit am Flughafen. Die Aufmerksamkeit der Menschen war viel höher, als sie ihre Sprache gehört haben.

Leider sehe ich Englisch als einen Feind der Mehrsprachigkeit. *What else?* Einerseits ist es sehr praktisch, mit dieser Lingua franca weltweit kommunizieren zu können. Andererseits sind immer noch viele Menschen wenig begeistert, eine weitere Sprache zu lernen, wenn sie schon Englisch können. Zahlreiche von Sprachwissenschaftlern erfasste Berichte betonen das Aussterben mehrerer Minderheitssprachen jährlich. Ist aber das Aussterben einer Sprache auch das Aussterben der damit verbundenen Kultur? Seitdem ich Englisch kann, habe ich mit Tausenden

Personen gesprochen, Muttersprachlern und Nichtmuttersprachlern. Was ich aber mit dieser letzten Gruppe oft beobachtet habe, dass sie noch mehr Interesse und Begeisterung gezeigt haben, als ich ihre Muttersprache sprach. In dieser Hinsicht sind zum Beispiel die Holländer das Gegenteil: Die meisten können sehr gut Englisch und wollen es üben und anderen helfen, was aber nicht so optimal für Niederländischlernende ist. „Allerdings lernen wenige Personen Niederländisch im Vergleich zu Englisch. Warum sollte das störend sein?", können einige argumentieren. Was ich aber meinte, ist die Tatsache, dass man ein gutes Niveau Niederländisch erreichen sollte, um eine realistische Chance zu haben, ein Gespräch zu führen, ohne dass die andere Person zu Englisch wechseln muss.

Facebook & Co. als Sprachlernraum

Messenger, Facebook, Instagram, Line, Whatsapp, Viber, Twitter & Co. sind heutzutage einfach unwiderstehlich. Kommunikationsexperten schätzen, dass wir früher noch nie so viel gelesen und geschrieben haben. Manche sind eher pessimistisch und meinen, die Jungen haben Schwierigkeiten, ein Gespräch vis-à-vis zu halten, weil ihnen das Verständnis der Gestik und Tonsprache fehlt. Emoticons können diese nur auf virtueller Ebene ersetzen, Missverständnisse inklusive … Es ist aber unglaublich, wie man heutzutage Personen in den sozialen Netzwerken einfach und rasch erreichen kann. Viele Sprachgemeinden (z. B. Russen in Wien, Latinos in den USA, Österreicher in Deutschland u. a.) haben Chats online kreiert und teilen aktuelle Infos zwischen den Mitgliedern. Für Sprachlernende sind sie eine interessante Alternative, Kontakt mit Muttersprachlern zu haben und die schriftliche Sprachkompetenz (Lesen und Schreiben) inklusive Umgangssprache auf einer unkomplizierten Art und Weise zu verbessern. Wenn man diese Chats nicht so cool findet, hat man noch die Möglichkeit, einen Tandempartner auf anderen

Websites zu suchen und zu entscheiden, ob man eher schreiben, sprechen oder beides will.

Google Translator: der Sprachengott des 21. Jahrhunderts

Ob Suchmaschine, Jobfinder, Google Maps, Hotel- oder Flugreservierung usw. – Mister Google ist heutzutage unbesiegbar. Was mich persönlich ein bisschen unruhig macht, ist der Satz „übersetze es einfach mit Google Translator". Ja, ich habe den Sprachengott selbst gebeten, mir ein paar Wörter zu übersetzen, schnell und richtig. Schnell ist es schon, aber wenn Frau „Internetverbindung" nicht kooperiert, ist es nicht immer lustig. Richtig kann ich es aber nicht schätzen: Was, wenn das gefundene Wort mit dem Kontext nicht zusammenpasst? Oder grammatische Regeln nicht berücksichtigt wurden? Im Laufe meines Übersetzungsstudiums haben einige Studienkollegen gejammert: „Na toll, Google Translator kann jeder verwenden. Wofür werden wir später gebraucht?" Da habe ich an das Jahr 3000 nach Christus gedacht, wo die Maschinen (Roboter oder Aliens, wie die meisten Science-Fiction-Filme gerne zeigen) mit dem Menschen konkurrieren und die Welt erobern. Ob sie fähig sind, Sprachen zu dekodieren und übersetzen, wie ein Mensch es tut, ist noch schwer zu sagen. Als Erleichterung freue ich mich immerhin von meinen Studenten zu hören: „Dies wurde aber seltsam von Google übersetzt, besser schauen wir es uns noch einmal an."

Ein kleiner Wettbewerb?

„Lernen Sie Ihre Lieblingssprache in nur …", „Englisch schnell beherrschen", „Spanisch einfach wie ein Kind lernen" usw. Diese Titel klingen verlockend, aber in Wahrheit weisen sie darauf hin, dass wir keine Zeit zu verlieren haben, und deswegen ist das Sprachenlernen auch so schnell und so einfach vorstellbar. Es bedeutet ebenso wenig, dass es eine Ewigkeit dauert, bis man fähig ist, seine/ihre Gedanken in einer Fremdsprache auszudrücken. Es kommt darauf an, wie komplex die Sprechsituation ist. Eine Beschwerde bei einem Hotel ist ohne Zweifel spannender als eine Bestellung beim Bäcker oder den Nachbarn zu begrüßen. Es sieht so aus, als ob die Zeit nie genug wäre, um alles zu erledigen, was wir uns vorgenommen haben. Scheinbar liegt es nicht an der verfügbaren Zeit, sondern an den Zielen, die mehr Lernzeit verlangen. Manchmal wollen wir zu viele Sachen gleichzeitig oder so bald wie möglich lernen und erleben darum Frust, Verzweiflung oder Mangel an Motivation. Stress ist kein guter Freund in dieser Hinsicht – für einige kann aber Stress ein Impuls sein: „Prüfung ist morgen, und ich muss heute unbedingt lernen", „Abgabefrist ist diese Woche, und ich sollte besser die letzten Punkte abschließen". Andere Personen (und ich selbst) bevorzugen, sich für das Lernen mehr Zeit zu nehmen. Ich bin mir bewusst, dass man heutzutage mehr in weniger Zeit erreichen will, ab und zu auch mit weniger Anstrengung. Dieser Gedanke ist praktisch, aber gleichzeitig einschränkend. Wenn wir eine Sprache richtig lernen möchten, sollten wir bereit sein, Hunderte beziehungsweise Tausende Fehler zu machen sowie Hunderte beziehungsweise Tausende Überraschungen im Laufe des Erlernens zu erleben! Je länger ich eine Sprache spreche, desto mehr merke ich, dass die Bemühungen sich gelohnt haben.

Im Internet habe ich über verschiedene mehrsprachige Personen – einige sehr bekannt, andere nicht so berühmt, aber immer noch interessante Persönlichkeiten – gelesen, und manche haben probiert, im Laufe einiger Stunden oder Tage in einer neuen Fremdsprache optimal zu kommunizieren. Diese Art vom „Sprachwettbewerb" finde ich mutig und für den durchschnittlichen Sprachlernenden wahrscheinlich nicht so begeisternd. Wer lernt was am schnellsten? Wer macht weniger Fehler? Wer hat die beste Aussprache? Wer kennt mehr Vokabeln? Es klingt schon ein bisschen wie bei einer Schulbewertung, oder? Natürlich habe ich nichts gegen diese Idee, ich finde sie inspirierend bei Sprachtalenten. Manche Menschen vergleichen Sprachbegabte mit Musikgenies oder mit brillanten Persönlichkeiten aus anderen Bereichen wie Medizin, Wissenschaft, Literatur usw. Interessanterweise erzählen viele Mehrsprachige, dass sie sich ständig bemühen müssen, um motiviert zu bleiben und ihre Sprachen aktiv zu üben. Einige geben sogar zu, bestimmte Sprachen vergessen zu haben. Ja, im Endeffekt sind wir alle Leute mit Stärken und Schwächen, Fähigkeiten, Erwartungen und Träumen.

Meine Frage an Sie, lieber Leser oder liebe Leserin: Was erwarten Sie von einer neuen Fremdsprache? Was wollen Sie am Ende erreichen? Ist es für den Beruf, oder sehen Sie es als Freizeitbeschäftigung? Sind Sie bereit, Zeit/Geld/Energie ins Lernen zu investieren? Sind Sie auch bereit, manchmal ein bisschen Frust zu erleben? Vielleicht müssen Sie an einem Sprachwettbewerb mit anderen Leuten nicht teilnehmen. Es reicht eigentlich, die eigenen Fortschritte selbst zu messen, oder?

Englisch: die einfachste Sprache der Welt?

„Englisch ist superleicht zu lernen", „Englisch ist wirklich einfach. Warum ist Französisch nicht so?" „Ist Englisch eigentlich so einfach, wie du sagst?" Diese letzte Frage habe ich einigen meiner Schüler gestellt. Wie wäre es, wenn Chinesisch die wichtigste Sprache weltweit wäre? Wenn alle sie in der Schule lernten; die Bücher, Websites, Filme auf Chinesisch wären, wenn man für einen Job Chinesisch beherrschen müsste ... Wäre Chinesisch doch leichter als Englisch, oder? ... Ohne Zweifel hat der internationale Status der englischen Sprache dazu beigetragen, sie als notwendig zu betrachten und Ressourcen zu mobilisieren, diese zu verbreiten. Das Bildungssystem, die Kultur, die Wirtschaft, die Medien und die Globalisierung spielen in dieser Hinsicht eine wichtige Rolle. Selbstverständlich hat Englisch alle sieben Milliarden Menschen dieser Erde nicht erreicht. Wie wäre es für sie, wenn sie eines Tages Englisch lernen müssten? Wäre es auch für sie ein Kinderspiel? Zusammenfassend kann man sagen, dass es mehr mit der Muttersprache zu tun hat. Je unterschiedlicher sie zu der Fremdsprache ist, desto schwieriger scheint die Fremdsprache. Sicher musste ich mich auch bemühen, um andere lateinischen Sprachen richtig und nicht mit falschen Freunden (Wortpaare in zwei Sprachen, die ähnlich klingen oder geschrieben werden, die aber eine ganz andere Bedeutung haben) zu lernen. Diesbezüglich war Portugiesisch für mich als Spanischsprachige eine nicht zu unterschätzende Sprache. Die Anstrengung war eine andere bei den germanischen Sprachen und auch bei Griechisch, das nicht mit anderen vergleichbar ist. Jeder Muttersprachler betrachtet häufig eine Fremdsprache als einfach oder schwierig, je nachdem wie er oder sie sich mit der eigenen Erstsprache in der Schule beschäftigt hat. Meine österreichischen Schüler finden Deutsch leicht zu lernen, während Griechisch- oder Russischsprachige immer sagten, ihre Sprache sei schwierig zu lernen. Jeder hat eine voneinander verschiedene Meinung, und das ist auch gut so. Mit Spanisch als Muttersprache und als Spanischlehrerin ist mir bewusst, dass meine Sprache unkomplizierte Aspekte im Vergleich zu anderen Sprachen – unkomplizierte Aussprache, lateinisches Alphabet, Wörter aus dem Englischen und aus anderen romanischen Sprachen, keine Deklinationen, keinen Kasus – hat, was aber nicht bedeutet, dass Leute sich nicht anstrengen sollten, um sie richtig zu lernen. Im Nachhilfebereich sieht man wunderbar, wie verschiedene Eigenschaften einer Fremdsprache nicht unbedingt ein Problem für jeden Schüler darstellen. Für einen ist es beispielsweise die Verbkonjugation, für einen anderen aber der Wortschatz.

Mehrsprachigkeit als Tourismuserfolgsfaktor

Für viele Tourismusbetreiber ist es selbstverständlich, dass das Personal am besten nicht nur Englisch, sondern auch eine andere oder mehrere Fremdsprachen kann. Es ist aber nicht immer der Fall. Nicht alle, die aus verschiedenen Gründen mehrsprachig sind, arbeiten im Tourismusbereich. Ich bin immer von den Hotels oder Tourismuseinrichtungen, die ihre Infos den Besuchern auf mindestens 6 Sprachen bekannt geben, begeistert. Mein erster Gedanke ist: „Hierher kommen Touristen aus der ganzen Welt." Es klingt schon wie eine gute Werbung, oder? Je internationaler die Sehenswürdigkeit/Einrichtung gestaltet ist, desto höher ist die Aufmerksamkeit. Das gilt nicht nur für große, sondern auch für kleine. „Alles in 3, 4 Sprachen zu übersetzen ist teuer und sinnlos", würden viele argumentieren. Das Kriterium „teuer" kann man überwinden, indem man im Team nach den mehrsprachigen Mitarbeitern sucht. Sie würden sich wahrscheinlich auf eine neue Tätigkeit freuen, und Sie könnten Geld sparen und Ihrer Einrichtung ein internationales Flair geben. Sie könnten auch Korrekturleser statt Übersetzer für die Qualität der Texte engagieren. Natürlich sollte man auf die Arbeit eines professionellen Übersetzers nicht verzichten.

> „Sprichst du mit jemandem in einer Sprache, die er versteht,
> so erreichst du seinen Kopf. Sprichst du mit ihm
> in seiner eigenen Sprache, so erreichst du sein Herz."
> Nelson Mandela (südafrikanischer Aktivist und Politiker)

KULTUR & IDENTITÄT

Kultur und Stereotypen

„Sind alle Leute aus deinem Land so fleißig wie du?" Diese Frage wurde mir im März 2017 gestellt, als ich mit dem Arbeitskollegen eines Bekannten, der aus Griechenland stammt, in seiner Sprache gesprochen habe. Wir waren eine kleine Gruppe, und ich hatte nicht erwartet, dass dieses kurze Gespräch alle Anwesenden so schnell beeindrucken könnte. „Wieso kannst du so gut Griechisch sprechen?" Und danach musste ich beantworten, ob meine Landsleute auch so fleißig seien. In ein paar Sekunden habe ich gedacht: „Hem ... werden Latinos normalerweise als locker und faul betrachtet?" Ich gebe zu, fleißig wäre nicht das erste oder zweite Eigenschaftswort, das ich erwähnen würde, wenn ich eine typische Person aus Lateinamerika beschreiben sollte. „Fleißiger sind die Menschen im Norden, weil sie sich auf den Winter vorbereiten müssen", habe ich als Kind in meinem Familienkreis gehört, als ich gefragt habe, warum alles in Kanada organisierter als bei uns war. Ich war nur 5–6 Jahre alt und schon von der unterirdischen Infrastruktur im Zentrum Montreals beeindruckt, wo mindestens 3 U-Bahn-Stationen verbunden waren. Es war wie eine kleine Stadt, mit allen möglichen Geschäftsarten, die man entspannt besuchen konnte, vorzugsweise wenn es draußen −20 Grad Celsius oder kälter war. Heißt es aber, dass wir uns in den Tropen keine Sorgen machen müssen, weil die Sonne bei uns das ganze Jahr über scheint? Die armen Viertel in der Hauptstadt und Umgebung sind eine langjährige Realität meines Herkunftslandes und anderer Länder der Region. Wenn wir aber Winter hätten, könnten diese armen Leute überhaupt nicht dort wohnen. Wären wir am Ende fleißiger und würden die sonnigen Tage bewusster genießen? Als ich nach Europa kam, war es bezaubernd zu sehen, wie hier die Menschen sich auf sonnige Tage in jeder Jahreszeit freuen, wenn sie nur in einem Park sitzen – manche leicht bekleidet für die aktuelle Temperatur – und sich unter den Sonnenstrahlen einfach ausruhen.

Stereotypen sind wohlbekannt und prägen unser Verständnis anderer Kulturen. Ich glaube aber, dass diese nicht immer der Mehrheit, sondern einem bestimmten Anteil der Gesellschaft entsprechen. Im selben Land merkt man schon Sprach- und Traditionsunterschiede zwischen Norden und Süden, Osten und Westen. Die Geschichte und die geografische Lage haben seit Anfang der Zivilisation gezeigt, wie tatsächlich jedes Volk nach seiner Identität und Integrität strebte, manchmal friedlich, manchmal blutig. Ja, Identität ist ein starkes Wort. Heutzutage kämpfen viele Personen, Gemeinden, Völker und sogar Länder für die Anerkennung ihrer kulturellen Identität. Sprache ist für viele ein Merkmal dafür, und deshalb versuchen sie, diese für die kommenden Generationen zu bewahren, obwohl die englische Sprache es schwieriger macht, junge Menschen zu überzeugen, dass die Sprache ihres Landes in einer globalisierten Welt auch wertvoll ist.

Sprache und Heimat

Bei der Arbeit am Flughafen habe ich die Zeitschrift *Metropole (Vienna in English)* zum ersten Mal gelesen. Sie gibt Englischsprachigen interessante Einblicke in die Stadt Wien, von Kulturangeboten über bewegende Geschichten bis zu interessanten Reportagen. Einmal sagte der Lebenskünstler Michael Fischer bei einem Interview: *„Language is really something that can give you a feeling of home."* Ja, wenn wir in unserer Erstsprache reden, fühlen wir uns auf sicherem Boden, man traut sich und muss nicht lange überlegen, wie man Gefühle und Ideen äußert. Dasselbe ist auch mit einer Fremdsprache, die man beherrscht, möglich. Aber in einer neuen

Fremdsprache ist der Boden meistens nicht stabil genug, und wir fühlen uns wie in einem unbekannten Viertel oder fremden Land.

Der Dokumentarfilm *Atelier de conversation* des Regisseurs Bernhard Braunstein hat mich tief berührt und mich bezüglich meiner eigenen Erfahrung mit Sprachenlernen, Auswanderung und Integration nachdenklich gemacht. Ich fühle zwei Teile in mir: einen, wo ich jetzt bin, und den anderen bei meiner Familie in meinem Herkunftsland. Das hat auch eine der Kursteilnehmerinnen gesagt. Danach hat sie geweint. Die anderen Teilnehmer im Film und ich ebenfalls! Ich glaube, diese Verzweiflung spüren wir alle, die das Abenteuer Auswanderung erleben. Am Anfang ist das Heimweh zumeist stark, und man denkt an die Personen oder Sachen, die man hinter sich gelassen hat. An die Kindheit und die Erinnerungen an glückliche Momente. Gleichzeitig braucht man Konzentration, Organisation und Geduld, um die neue Heimat inklusive Kultur, eventuell Sprache, Gesellschaft, Arbeitswelt, Gesetze, Schulsystem usw. zu erlernen und sich daran anzupassen. Wie alle neuen Situationen im Leben benötigt man Zeit, Mühe und Mut, größtenteils wenn man die Sprache nicht gut kann.

Ein Teilnehmer aus einem orientalischen Land berichtete, er hatte damals viele Freunde und konnte mit ihnen in ihren Sprachen reden. In Frankreich sei es aber schwer, weil die Leute eher Individualisten sind, meinte er.

Dank einer peruanischen Freundin in Wien habe ich das Programm *Pana, ¿dónde estás?* (im Deutschen „Kumpel, wo bist du?") entdeckt. Es gibt verschiedene Videos auf Youtube, die über das Leben von Venezolanern berichten, die aus unterschiedlichen Gründen im Ausland wohnen. Sie gaben spannende Einblicke in ein neues Land. Folgende Kommentare fand ich inspirierend:

- „Deine Heimat wird dort sein, wo du gerade bist. Sie wird immer Teil von dir sein."
- „Heimat ist nicht das Land, sondern die Leute. Die Leute gestalten ein Land."
- „Es fühlt sich ein bisschen wie eine Trennung an, wenn du in dein Land verliebt bist und gehen musst."

- „Es ist nicht einfach, im Ausland Fuß zu fassen, aber egal was du beruflich machst, wenn du es voller Leidenschaft tust, schaffst du es. Selbstvertrauen ist der Schlüssel zum Erfolg."

Wo ist denn Ihr Zuhause, lieber Leser/liebe Leserin?

Das Eigene und das Fremde

Ein wichtiger Teil meiner Ausbildung als Trainerin für Deutsch als Fremd- und Zweitsprache war die Verfassung einer schriftlichen Arbeit. Ich entschied mich für das Thema „Interkulturelle Kompetenz im DaF-/DaZ-Unterricht". Ich habe den Zusammenhang zwischen Kultur und Lernen der deutschen Sprache analysiert. Im Folgenden werde ich einige Ideen dieser schriftlichen Arbeit – die aus eigener Reflexion und wissenschaftlicher Recherche entstanden sind – mit euch teilen.

Kultur ist ein Bestandteil unseres Lebens und definiert unsere Identität sowie unsere Weltansicht. Sie ist eine Art Brille, die unserem Verhalten, Glauben und unseren Werten eine Form gibt. Sichtbare und unsichtbare kulturelle Aspekte können durch die Metapher eines Eisbergmodells leichter veranschaulicht werden.

Landeskunde ist ein wichtiger Teil jedes Sprachkurses: Man beschäftigt sich sowohl mit Wortschatz und Grammatik als auch mit Fakten wie Geschichte, Geografie, Politik und Gesellschaft. Zum Glück haben aktuelle Lehrwerke meistens eine eigene Rubrik – oft am Ende jeder Lektion – mit Informationen über verschiedene Aspekte der Länder, wo die Sprache gesprochen wird. Landeskunde allein hilft aber wenig, wenn die Person nur bestimmte Redemittel laut Lehrwerk auswendig lernt und danach im echten Leben unfähig ist zu unterscheiden, wann diese eigentlich zu verwenden sind. Deswegen geht interkulturelle Kompetenz einen Schritt weiter: Hauptziel ist es, eine gelungene Kommunikation mit Muttersprachlern oder Personen, die die Fremdsprache auch können, zu sichern.

Das Eisberg-Modell

Kultur ist…
bewusst / sichtbar
- Kleidung
- Sprache
- Speisen
- Kunst
- Umgangsformen

Bedeutung und Einstellung zu:
- Zeit, Mensch, Umwelt
  - Strategien
  - Rechtsverständnis
  - Autorität d. Staates / Firma
- Interpersonelle Beziehungen
  - Rolle der Frau
  - Macht und Status
  - Erziehungsideale
- unbewusst / unsichtbar — Glaubenssätze, Werte, Grundannahmen
  - Religion und Tradition
  - Ideologie
  - Verständnis Zeit / Raum

Quelle: Dr. Anna Storck,
Kultur und Kulturmodelle, 2011

Wie auf dem Bild ersichtlich, ist Kultur nicht nur bewusst/sichtbar (Spitze des Eisbergs: Kleidung, Sprache, Speisen, Kunst, Umgangsformen), sondern auch unbewusst/unsichtbar (Teil unter der Meeresoberfläche). Abseits des Sichtbaren finden wir die Bedeutung und Einstellung zu:

Beziehung Mensch Umwelt
- Strategien
- Rechtsverständnis
- Autorität d. Staates/Firma

Interpersonelle Beziehungen
- Rolle der Frau
- Macht und Status
- Erziehungsideale

Glaubensätze Werte Grundannahmen
- Religion und Tradition
- Ideologie
- Verständnis Zeit/Raum

Als Sprachtrainer sollte man wissen, dass Kultur gleichzeitig statisch und dynamisch ist und jede neue Generation sich von der vorigen mehr oder weniger unterscheidet. Sprachtrainer sind eine Art Moderator und können einen Beitrag zu mehr Verständnis und Respekt in der Gesellschaft leisten, indem sie den Lernenden die Möglichkeit geben, kritisch zu hinterfragen, welche individuellen Varianten in der eigenen und/oder in der Kultur des Zuwanderungslandes zu finden sind.

Im Rahmen des Fremdsprachenunterrichts können Selbst- und Fremdeinschätzung zu positiven, kritischen Reflexionen führen. Vorurteile und Stereotypen über die eigene und die fremde Kultur ermöglichen ein besseres Verständnis unterschiedlicher Weltansichten. In dieser Hinsicht lernt man, dass keine bestimmte Kultur besser oder schlechter ist, sondern differenziert und heterogen. Stereotypen bilden eine Basis für das Verständnis anderer Völker, wenn wir es schaffen, sie zu überwinden. Sie haben eine reine Orientierungsfunktion, und auf keinen Fall können sie die Echtheit einer Nation oder ethnischen Gruppe 100% widerspiegeln. Meiner Meinung nach sind Zeit, Geduld und Toleranz die besten Lehrer, was Kommunikation zwischen Kulturen betrifft.

Viele Personen, die kein Deutsch können, haben das Gefühl, diese Sprache sei besonders kompliziert und die Deutschsprachigen fleißig, arbeitsfreudig, organisiert, analytisch, aber auch kalt und verschlossen. Wenn man doch die Sprache lernt und Kontakt mit Personen aus Deutschland, Österreich oder aus der Schweiz hat, ist zu beobachten, dass diese klassischen Klischees mit der Realität nicht immer übereinstimmen. Denn es gibt keine homogene Nationalkultur, sondern heterogene Gruppen, die im gleichen Land oder in der gleichen Region wohnen. Es wäre naiv zu glauben, dass alle Deutschen in jeder alltäglichen Situation pünktlich sind. Oder alle Österreicher Spitzenskifahrer und alle Schweizer reich.

In von mir selbst besuchten oder gegebenen Sprachkursen habe ich oft das Bedürfnis gehabt, mehr über die Kultur der Länder, wo die Sprache tatsächlich gesprochen wird, zu erfahren beziehungsweise zu vermitteln. Sprache und Kultur gehören ganz eng zusammen, mehr als man das glaubt (oder glauben will). Seitdem ich

Deutsch kann, hat sich mein Verständnis gegenüber den Deutschsprachigen speziell intensiviert, sowohl beruflich als auch privat. Ich begann, Deutschunterricht im Einzeltraining in meinem Heimatland Venezuela zu geben. Der Chef in meinem ersten Job als Angestellte war Österreicher. Da hatte ich die ersten Erfahrungen mit der österreichischen Deutschvariante, was mir danach den Alltag in Österreich erleichtern sollte. Später bin ich nach Österreich gekommen und habe an der Universität studiert. In meinem Alltag spreche ich meistens Deutsch. Seit ich Nachhilfe- und Sprachunterricht hier gebe, habe ich nicht nur vieles über meine eigene Muttersprache, sondern auch über meine eigene Kultur entdeckt.

Alle diese Erfahrungen haben meinen Umgang mit der deutschsprachigen Kultur geprägt. Als Ausländerin in Österreich, die bereits gut Deutsch konnte, erlebte ich trotzdem zahlreiche Situationen, die mehr mit der Mentalität und der Kultur des Alpenlandes und weniger mit der sprachlichen Korrektheit zu tun hatten. Im Laufe der Zeit hat sich diese interkulturelle Kompetenz verbessert, was aber nicht bedeutet, dass die Arbeit erledigt ist. Ganz im Gegenteil: Als Deutschtrainer oder Deutschtrainerin haben wir die Aufgabe, die Lernenden auch kulturell zu sensibilisieren, wenn man ihnen den Weg zur erfolgreichen Integration ebnen will (das gilt natürlich auch für Lehrer anderer Fremdsprachen).

Ich denke, es braucht Zeit und eine kontinuierliche Auseinandersetzung mit der anderen Kultur, um sie erfolgreich zu verstehen. Dieser Prozess kann kürzer oder länger sein. In einem guten Deutschkurs (insbesondere Deutsch als Zweitsprache) sollte man das Interesse der Teilnehmer für kulturelle Merkmale Österreichs, Deutschlands und/oder der Schweiz wecken. Das bedeutet nicht, dass sie ständig typisches Essen haben oder den lokalen Dialekt beherrschen müssen. Je mehr Kontakt der Lernende mit verschiedenen Deutschsprachigen – nicht nur mit Lehrkräften oder Beamten – hat, desto effizienter kann er in schwierigen Situationen im Alltag agieren. Zusammenfassend kann man argumentieren, dass interkulturelle Kompetenz viel komplexer als das Lernen der Grammatik und des Wortschatzes einer Fremdsprache ist. Nur mit

Durchhaltevermögen, Geduld und Respekt wird man in der Lage sein, die eigene Kultur zu schätzen und die andere(n) zu tolerieren.

Sprachen und Lebenswege

Ich lese immer gerne Geschichten, die mich inspirieren. Von Menschen, die den Mut hatten, ihr Leben zu ändern, um persönlich oder beruflich mehr zu erreichen. Zum Teil liegt es an den Orten, wie die *Testimonials* des Lufthansa-Magazins beweisen. Diese erschienen in der Oktoberversion 2017 unter dem Titel *#LiveChangingPlaces*. Das Magazin las ich während des Fluges Dresden – München nach einem schönen Kurzurlaub in der sächsischen Hauptstadt und Umgebung. Oft geht es auch um Menschen, die man unterwegs trifft. Einige sehen wir nie wieder, die anderen werden Bekannte, gute Freunde oder sogar Teil der Familie. Ich denke, dass jedes menschliche Treffen nicht wirklich spontan ist. Ich vertrete die Meinung, es gibt einen Hintergrund, den wir nicht immer kennen oder verstehen. Besser so, oder? Das Leben sollte ein Abenteuer bleiben. Auch Sprachen können Lebenswege stark prägen beziehungsweise komplett auf den Kopf stellen. Beispiele wie:

- Ich muss diese Sprachprüfung mit einem guten Ergebnis schaffen, um die Unizulassung zu kriegen.
- Ich muss ausreichende Sprachkenntnisse nachweisen, um ein Visum/eine Niederlassungsbewilligung überhaupt zu erhalten.
- Ich muss die Fremdsprache beherrschen, um diesen Job für mich zu sichern.
- Ich muss fähig sein, mit meinen ausländischen Geschäftspartnern das neue Projekt/den neuen Vertrag u. a. erfolgreich abzuschließen.
- Ich beginne eine neue Beziehung und will die Sprache meines Partners/meiner Partnerin verstehen.

Sprachen können neue Wege aufzeigen und die eigene Selbstbewertung verbessern. Ich hatte immer wieder den Eindruck, ich traute mich mehr Dinge im Ausland zu unternehmen. Vor allem beim Alleinreisen ist es mir aufgefallen. Als Masterstudentin in Europa wollte ich die Gelegenheit nutzen, so viele Städte wie möglich zu besuchen. Meine Sprachkenntnisse halfen mir, meine Reisen in Frankreich, Italien und Deutschland sicher und praktisch durchzuführen. Ich habe die Unterkünfte und die Fahrten (Flug, Zug, Bus) allein gebucht und das Reiseprogramm selbst ausgesucht. Nicht nur hatte ich die Freiheit, über meine Reisen selbst zu entscheiden, sondern diese auch zu gestalten. Das ist nach wie vor ziemlich vorteilhaft, vorwiegend wenn ich den Urlaub in Europa für meine Familie plane. Ich gebe es zu, in Europa ist es leichter, City Trips preisgünstig und schnell zu organisieren. Die Reisedetails werden natürlich dem persönlichen Geschmack entsprechen.

Sprache = Lebensart

Ich war leider ein bisschen enttäuscht zu merken, dass man in sehr touristischen Orten die lokale Sprache nur schwer verwenden kann. Manche Kellner oder Verkäufer z. B. haben direkt auf Englisch gesprochen, oder manche waren Ausländer und konnten die Amtssprache gar nicht. Eine ähnliche Erfahrung hatte eine Reiseleiterin aus Holland in ihrem eigenen Land gemacht. Sie hat erzählt, sie wollte in Amsterdam in einem Geschäft einfach ihre Sprache sprechen und bekam nur Antworten auf Englisch. „Anscheinend konnten sie dort kein Niederländisch", meinte sie nach einer kurzen Pause.

Aber der Versuch, die lokale Sprache zu sprechen, spiegelt sich manchmal in unerwarteten, berührenden Situationen wider. Eine Tischreservierung in griechischer Sprache in unserem Strandhotel auf Zypern hat uns einen guten Tisch mit Meeresblick auf der Terrasse gesichert. Als ein Hotelmitarbeiter mir die

Tagessuppe – an diesem Abend hatte das Hotel ein Buffet mit asiatischen Gerichten angeboten – empfohlen hat, sprach ich mit ihm ein bisschen auf Griechisch. Er war überaus begeistert und höflich, als er mir eine Serviette unter meinen Teller gelegt hat, denn er hat schnell bemerkt, dass der Teller sehr heiß war, und hat schneller als ich eine Serviette geholt. Die anderen Mitarbeiter beim Buffet waren auch begeistert und ausgesprochen freundlich zu uns. Mein Mann und ich merkten, sie wollten uns einen sehr guten Service bieten. Wir haben uns lachend angesehen und ich sagte zu ihm: „Nicht schlecht, was man mit Griechisch schaffen kann." Diese besondere Aufmerksamkeit bedeutete ab und zu Trinkgeld bei der Arbeit am Flughafen, eine Vorspeise oder ein Getränk gratis oder einen guten Reisetipp. Oder sogar eine reibungslose Platzsicherung für die Geburt unseres Kindes im Spital? Die Mitarbeiterin war Griechin, und mein Mann hat gleich zu ihr gesagt, dass ich Griechisch gelernt habe. Ich hatte keine andere Wahl und begann mit der Dame auf Griechisch zu reden. Sie hat sich sehr gefreut, uns alle Infos erklärt und nach einigen Minuten mitgeteilt, alles wäre erledigt, und wir hätten nun einen Platz bekommen. Es ist schön zu wissen, dass viele Personen das Interesse anderer schätzen, die sich bemühen, ihre Sprache zu lernen. Und immer mit freundlichen, lächelnden Gesichtern. Ich bin der Meinung, man kann nur etwas gewinnen, entweder direkt oder indirekt, egal mit welcher Fremdsprache. Die Überraschung bleibt fürs Leben! Was mich immer wieder bewegt, sind die Redewendungen und Sprüche, die jede Sprache in besonderer Art prägen, die uns viel über die Kultur und Mentalität eines Volkes verraten.

Akzent und Identität

Ist es schrecklich, wenn der Akzent verrät, woher man eigentlich kommt? Im Fernsehen oder im Theater werden fremde Akzente als Unterhaltungsfaktor eingesetzt, z. B. um einem Produkt mehr Authentizität zu geben: Eine Dame spricht auf Deutsch mit griechischem Akzent und bestätigt die Qualität des griechischen Joghurts; ein Mann spricht Gutes über die italienische Tomatensoße oder Pasta mit ein paar italienischen Wörtern; eine Gruppe Franzosen erklärt auf Deutsch das Beste über den Regionalwein usw. Beispiele gibt es Tausende überall ... Es ist anscheinend nicht immer schlecht, eine Fremdsprache mit starkem Akzent zu sprechen – wenn es das Verständnis nicht verhindert. Leider sind manche Personen zu kritisch, wenn sie einen fremden Akzent in ihrer Sprache hören. Glücklicherweise habe ich keine schlechte Erfahrung aufgrund meines Akzentes gemacht. Viele Personen waren neugierig und fragten, woher ich käme. Andere versuchten zu raten und sagten, ich sei Spanierin. Ich finde einen Akzent *per se* nicht schlimm. Sicher ist es cool, akzentlos zu reden. Aber ich habe den Eindruck, Kinder und Jugendliche schaffen es besser, wenn sie die Sprache früher lernen. Oder Erwachsene, die sich mit der Aussprache intensiv beschäftigen, talentiert sind oder seit Jahren im Ausland wohnen und in der Fremdsprache täglich kommunizieren. Meiner Meinung nach ist der Akzent nicht das Wichtigste in einem Gespräch, sondern eine richtige Aussprache.

Während meiner Tätigkeit als Spanischlehrerin habe ich meinen Schülern immer gesagt, dass ich nicht wie ihr Schullehrer aus Spanien spreche, sondern mit einem anderen Akzent. Die Sprache bleibt trotzdem die gleiche, und die Spanier können mit den Lateinamerikanern problemlos reden. So wie die Deutschen mit den Österreichern, die Briten mit den Amerikanern usw. Was ich ab und zu bemerkt habe, ist die Tatsache, dass man eine Fremdsprache, die von einem Ausländer gesprochen wird, leichter verstehen kann, als wenn man einen Native Speaker hört. Ein paar Freundinnen aus Rumänien meinten, sie verstehen mich einfacher als die deutschen Muttersprachler. Wahrscheinlich aufgrund meines Akzentes! Wir sollten auch nicht vergessen, dass die meisten Englischsprecher weltweit keine Native Speaker sind. In meinem Job am Flughafen hörte ich alle möglichen Akzente, und ich finde jeden besonders und wertvoll. Als ich mit

Englisch begonnen habe, fiel es mir schwer, den britischen Akzent zu verstehen. Das Gleiche passierte mit Portugiesisch: Ich hatte nur Lehrerinnen aus Brasilien, und Schritt für Schritt habe ich es geschafft, die portugiesische Variante zu kapieren. Der einzige portugiesische Fernsehsender, der in Venezuela empfangbar war,, hat mir zum Glück viel geholfen. Die Hörübungen an der Uni mit Stimmen aus verschiedenen Ländern, wo Französisch Amtssprache ist, fand ich ebenfalls sehr nützlich, um sich über diese akustische Vielfalt bewusst zu werden.

Spannende Momente erlebte ich in meiner Arbeit bei der österreichischen Botschaft in Caracas. Ich hatte schon ein paar Jahre Deutschunterricht hinter mir und musste so rasch wie möglich das österreichische Deutsch am Telefon verstehen. Die ersten Telefonate waren ehrlich gesagt eine Herausforderung, vor allem mit den Familiennamen. Ich musste immer um Wiederholung bitten, und meine Stimme klang unsicher. Dann entschloss ich mich, grundsätzliche Sätze/Ausdrücke für Geschäftstelefonate zu üben und mir einige deutsche Familiennamen zu merken. Mit der Zeit war ich nicht mehr nervös am Telefon und konnte meinen Beruf einfacher ausüben. Ich lernte viel im Umgang mit meinem österreichischen Chef und mit den österreichischen Kollegen. Sie jeden Tag zu hören war ein sehr gutes Sprachtraining.

„Die Sprache ist die Kleidung der Gedanken."
Samuel Johnson (englischer Gelehrter und Schriftsteller)

LERNMETHODE

Durch Korrekturen Fremdsprachen effizient verbessern

Meine Fremdsprachen habe ich gelernt, ohne im Land zu sein, wo diese gesprochen werden. Ohne Zweifel ist dieser tägliche Kontakt mit der Sprache eine großartige Gelegenheit, sich Vokabeln leichter zu merken und die Sprachkompetenz insgesamt zu vertiefen. Hier geht es aber um das persönliche Interesse. Ich habe von Menschen gehört oder selbst einige kennengelernt, die die Amtssprache ihres zweiten Heimatlandes nach Jahren noch nicht beherrschten oder kaum gesprochen haben, entweder weil sie es nicht wollten oder „brauchten", wie die meisten sagten. „Alle können hier Englisch, warum sollte ich Zeit investieren, diese Sprache zu beherrschen?" Für alle, die sich aus verschiedenen Gründen einen monatelangen Aufenthalt im Ausland nicht leisten können, gibt es sehr gute Nachrichten: Heutzutage haben wir so viele Möglichkeiten, in Buchhandlungen oder online Lehrmaterialien zu finden oder im Internet Kontakt zu Muttersprachlern zu haben. Tandem ... ja, Tandem habe ich zum ersten Mal an der Uni probiert, nach Empfehlung einer deutschen Praktikantin aus Bochum. Eines Tages kam sie mit einer Liste von Studenten aus einer Universität in ihrer Stadt, die einen Tandem-Partner für Spanisch suchten. Ich war neugierig und entschloss mich, eine Romanistik-Studentin zu kontaktieren. Was für eine Erfahrung! Obwohl wir uns nur geschrieben haben, konnten wir voneinander viel lernen. Ich habe meine Fehler analysiert und die Korrekturen nochmals aufgeschrieben. Nach einer gewissen Zeit merkte ich, dass die Fehler immer weniger wurden. „Übung macht den Meister", sagt der bekannte Spruch. Vor allem braucht man für den schriftlichen Ausdruck in einer Fremdsprache Geduld und Durchhaltevermögen. Manche Fehler sind sehr hartnäckig, insbesondere wenn man eine schwache Sprachbasis (schlechte Rechtschreibung, grundsätzliche Grammatikregeln sind noch nicht fest im Kopf usw.) hat. Ich habe mir diese Sprachbasis oft als die Säulen eines Gebäudes vorgestellt. Die Grammatik ist der Zement, die Vokabeln sind die Stockwerke und die verschiedenen Wortarten – Konjugationen, Präpositionen, Redewendungen u. a. – das Mobiliar. Das heißt, soweit die Basis nicht solid genug ist, werden wir leider immer noch einfache Fehler machen und Schwierigkeiten haben, neue Ebenen unseres Sprachgebäudes aufzubauen. Ich habe häufig von Erwachsenen gehört, die an Sprachkursen teilnahmen, dass im Unterricht mehr Aufmerksamkeit auf die Grammatik und nicht auf die Kommunikation gerichtet wurde. Meine Großeltern waren von manchen Englischlehrern enttäuscht, die mehr Grammatik als echte fremdsprachliche Kommunikation unterrichten wollten. „Wir üben ständig Verbkonjugationen und sprechen kaum. Wir sollten eher wie Kinder lernen, direkt in der Fremdsprache zu denken, und nicht so viel die Regeln". Diesen Ansatz fand ich vernünftig. Aber können Erwachsene Sprachen eigentlich auf die gleiche Art und Weise wie Kinder lernen? Kinder lernen ihre Erstsprache oder eine zweite, dritte Sprache durch Nachmachen und Intuition. Die Grammatik lernen sie später in der Schule oder im Familienkreis, falls andere Sprachen zu Hause gesprochen werden.

Angst- und Sprachfehler sind zwei Aspekte, die eng zusammenhängen. „Ich habe Angst, Fehler zu machen. Ich mache Sprachfehler und kriege Angst." Angst ist leider ein großes Hindernis für viele, die sie nicht trauen, ein Gespräch mit Fehlern durchzuführen. Beim Schreiben kommt häufig diese Unsicherheit, wenn der Text geschrieben wurde und wir zu viel an die Korrektheit denken. Fehler machen gehört aber zum Lernprozess, egal in welchem Bereich! Musiker und Profisportler müssen auch mehrmals Musiknoten beziehungsweise Bewegungen wiederholen, um diese 100 % zu meistern. Warum sollte Sprachenlernen anders sein?

Eine Lernmethode für alle?

Die beste Lernmethode der Welt wird von den meisten lang gesucht und letztendlich weder im Bücherregal noch im Internet ausfindig gemacht. Ich bin der Meinung, dass jeder sich eine eigene Lernmethode überlegen sollte, in erster Linie, wenn man sich die Fremdsprache selbst beibringt. Da braucht man nicht nur viel Motivation, sondern auch eine gewisse Lernstruktur. Oft habe ich mir viel Zeit im Buchladen oder im Internet genommen, um Lernmaterialien zu vergleichen und diejenigen zu finden, die meinem Geschmack und meinen Erwartungen entsprachen. Ich bevorzuge Bücher statt Computerprogramme. Vor allem Bücher, die eine gute Kombination aus Grammatiktabellen und Texten haben. Die Schrift und die Bilder spielen für mich ebenfalls eine relevante Rolle. Ich möchte mit einem Buch lernen, dessen Formatierung optisch angenehm ist.

Jeder Sprachlernende sollte überlegen, wie er am liebsten lernen will. Deshalb ist die geeignete Lernmethode so einzigartig wie jeder Mensch. Es wäre naiv zu glauben, dass die gleiche Methode für alle gilt. So wie ein Horoskop in einer Zeitung oder in einem Magazin, das nicht alle Personen mit demselben Sternzeichen betreffen kann.

Alle Lernmaterialien oder nicht!

Als ich begann, andere Sprachen zu lernen, habe ich Buchhandlungen mit einem großen Angebot an Sprachbüchern mit Vergnügen besucht und die Regale lange durchstöbert. Mich faszinieren immer noch die verschiedenen Sprachen, klassische Wörterbücher, Bildwörterbücher, zweisprachige Geschichten, innovative Lernmethoden, Kinderbücher usw. Vor allem das Angebot für oft gelernte Sprachen wie Englisch und Französisch kann eine große Versuchung für Anfänger sein. Viele (ich inklusive) wollen alle Lernmaterialien sofort kaufen. Alle sehen einfach großartig und Erfolg versprechend aus. Letztlich hat man jede Menge Bücher, die irgendwo im Schrank stehen und irgendwann voller Staub sind, weil wir sie einfach fast nie verwenden. Quantität bedeutet nicht gleich Qualität! Lieber kauft man ein Kursbuch plus Arbeitsbuch und sucht nach weiteren Übungen im Internet. Wenn man einen Sprachkurs besucht, bekommt man sowieso unterschiedliche Lernmaterialien dazu. Will man selbst lernen, sollte man maximal mit zwei Büchern arbeiten. Manche Personen bevorzugen Lieder und Musik und finden Lesetexte eher fad. Am besten ein Lehrwerk kaufen, das mich persönlich anspricht: Ich mag die Farben, die Struktur, das Design, die Größe, ich kenne den Verlag, ich mag die Textur des Papiers ... vielleicht klingt es banal, aber wir sollten denken, wir werden wahrscheinlich viel Zeit mit diesem Buch verbringen, ich sollte es nett finden, oder?

Hablar con los muertos („mit den Verstorbenen reden")

Ein Freund von mir meinte, Literatur lesen bedeute, die Gelegenheit zu haben, das Leben von Menschen, die auch vor vielen Jahren gelebt und geschrieben haben, kennenzulernen. Sie erzählen von ihrer Gesellschaft und Kultur, wie die Städte sind, welche Traditionen es gibt, wie ihre Landsleute denken usw. Die Gedanken vieler Vorfahren sind auf dem Papier geblieben – mittlerweile dank der Digitalisierung immer mehr im Internet. Aber auch die geschriebene Sprache zeigt uns viel über eine bestimmte Person oder über ein ganzes Volk. Während eines Besuchs in Frankreich habe ich Freunde getroffen, die mit mir zusammen Übersetzen studierten, und wir haben über Sprachenlernen und -lehren lange gesprochen. Jeder/jede sollte selbst überlegen, welche Lernmethode für ihn/sie am besten passt. Sicher, der Lehrer kann gerne Orientierung bieten, aber es liegt am Schüler/Studenten, ob er am liebsten mit Videos, Büchern, Sprachtests, Musik, Spielen, Sendungen oder Sprachen-Apps lernen will.

Selbstverständlich ist eine gewisse Menge an Interesse an der Thematik notwendig. Als Sprachlehrerin versuche ich, dieses Interesse zu wecken, indem ich die Person überzeuge, dass Sprachen nicht nur für die Schulnoten oder für den Lebenslauf zählen. Ich denke nach, und es scheint, dass meine Weltvision vielseitiger und interessanter geworden ist, seit ich mich mit Sprachen beschäftige. Sprachen sind fürs Leben! Ich bin sehr glücklich, Deutsch an der Uni gelernt zu haben. Nicht nur habe ich eine interessante Karriere gebaut (mit Höhen und Tiefen), sondern auch einen entscheidenden Moment meines Lebens erlebt: meinen Ehemann kennengelernt. Was wäre gewesen, wenn ich Russisch statt Deutsch gelernt hätte? Wo wäre ich heute? In welchem Bereich wäre ich tätig? Mit wem (wenn überhaupt)? Deutsch hat ohne Zweifel mein Leben sehr positiv geändert. Aber jede neue Sprache war immer eine zusätzliche Bereicherung: neue Leute kennenlernen, eine andere Kultur besser verstehen, Zugang zu anderen Inhalten haben. Deshalb bin ich der Meinung, dass eine neue Sprache keine Zeitverschwendung bedeutet. Apropos Zeitverschwendung: Manche Personen glauben, Sprachenlernen heißt weniger Freizeit. Stattdessen sollte man es als Freizeitaktivität betrachten. Ausschlaggebend dafür ist, dass man Übungen oder Lehrmaterialien findet, die den eigenen Interessen entsprechen. Zum Teil ist es nicht so leicht, denn einige Bücher haben eine uninteressante Formatierung (zu lange Texte, fast keine Bilder, wenige Farben, kaum Grammatikerklärungen, keine alphabetische Vokabelliste …), die für manche Lernende einfach langweilig ist. Ich habe es selbst beim Lernen und beim Unterrichten beobachtet. Es gibt Bücher, die nicht so „leserfreundlich" sind. Dafür habe ich andere Materialien suchen müssen, um den Unterricht unterhaltsamer und effizienter zu machen. Nicht vergessen: Sprachenlernen sollte Freude mit sich bringen, damit man das Gefühl hat, dass es sich tatsächlich um ein Hobby handelt und nicht um eine lästige Aufgabe.

Druck: die schnellste Sprachmethode?

Wir kennen es alle: in der Schule, im Laufe des Studiums, bei der Arbeit, unter Familien und Freunden. Mehrmals in unserem Leben können wir dem sozialen Druck nicht entkommen. Wir müssen immer besser lernen, leistungsfähiger arbeiten, Kinder erziehen, Verwandten helfen, Freunde unterstützen, uns sozial oder für die Umwelt engagieren ... Beispiele gibt es genug. Die Frage ist nun, ob dieser Druck eher ein Risiko als mehr Erfolg bedeutet. Einige argumentieren, ohne Druck geht es überhaupt nicht. Von anderen aber wird zu viel erwartet, mehr als was sie mit ihren Ressourcen überhaupt schaffen können. In Bezug auf Deutschlernen gibt es immer wieder eine große Diskussion. Meistens wird gefordert, dass die deutsche Sprache richtig in kürzester Zeit gelernt wird. Nicht alle Personen haben die gleichen Fähigkeiten, und einige brauchen länger, um eine neue Sprache zu erlernen. Oft spielt das Alter eine Rolle, Kinder lernen normalerweise am schnellsten. Ich habe mehrere Dokus und Reportagen im Fernsehen und in Zeitschriften wie *profil* über geflüchtete Familien in Österreich und Deutschland gesehen, und mich haben folgende Sätze interessiert:

- „Wir wollen Deutsch sprechen, um Deutsch zu lernen." (Willkommensklassen in Deutschland)
- „Ohne deutsche Freunde hätten wir niemals Deutsch gelernt."

Hier sind zwei wichtige Aspekte zu beachten: Priorität sollte die Konversationsfähigkeit haben, und der Kontakt mit Muttersprachlern oder Personen, die Deutsch beherrschen, sollte nicht fehlen, vor allem am Anfang des Sprachenlernens. Es bringt wenig, wenn man sich nach dem Deutschkurs nur mit Landsleuten trifft und die neue Sprache nicht ausreichend übt. Leider helfen weder Drohung noch Ungeduld. Könnten Sie sich vorstellen, eine Fremdsprache so schnell wie möglich lernen zu müssen, ohne zu wissen, wie Ihr Leben in den kommenden Tagen/Wochen aussieht? Stress ist kein guter Freund erfolgreichen Sprachenlernens.

Was uns stört und unruhig macht, hat eben einen negativen Einfluss auf die Motivation und das Durchhaltevermögen, welche für das Sprachenlernen notwendig sind.

No pain, no gain!

Mit „Ohne Fleiß kein Preis" oder „Kein Schmerz, kein Gewinn" wird dieser englische Spruch ins Deutsche übersetzt. Durch die US-amerikanische Schauspielerin und Fitness-Queen Jane Fonda bekannt geworden, ist er nicht nur für Fitnessfans gedacht, sondern auch für alle, die sich anstrengen, um etwas Besseres oder Größeres in ihrem Leben zu erreichen. Sicher ist Übertreiben auch nicht gut, weder beim Sport noch bei der Arbeit. Der Körper braucht eine gewisse Menge an Entspannung und Erholung. Als fitnessbegeisterte Person versuche ich, aktiv zu trainieren und mich ausreichend auszuruhen. Sonst merke ich, dass das Training keinen Spaß mehr macht. In Bezug auf Sprachen gilt das Prinzip, intensiv zu lernen, bis man erkennt, dass an diesem Tag keine neuen Vokabeln oder Regeln mehr gespeichert werden können. Dann lieber am nächsten Tag weiterlernen. Als ich mit einer neuen Fremdsprache anfing, lernte ich in den ersten Tagen viel, weil die Inhalte nicht so komplex waren und ich mich mehr auf die Aussprache und auf das Lernen der Grundvokabeln, Personalpronomen und Verben konzentrierte.

Nachdem man eine Fremdsprache gelernt hat und sie relativ gut kann, ist es empfehlenswert, „sprachfit" zu bleiben. Sicher ist das tägliche Lernen die effizienteste Methode. Leider ist sie nicht immer so realistisch. Oftmals war ich müde und wollte einfach etwas lesen, einen Film sehen, oder ich traf Freunde oder Bekannte. Das Leben ist nicht nur harte Arbeit. Es ist wichtig, sich Zeit für sich selbst zu nehmen. Obgleich Sprachenlernen eines meiner Lieblingshobbys ist, konnte ich nicht jeden Tag lernen. So wie beim Sport sind Lernpausen ebenfalls relevant.

> *„Wenn du redest, muss deine Rede besser sein,
> als es dein Schweigen gewesen wäre."*
> Sathya Sai Baba (indischer Guru)

KOMMUNIKATION

Für mehr Glaubwürdigkeit

Würden Sie einer Person sofort glauben, die Ihnen alles ganz genau in einer Fremdsprache, die Sie beherrschen, erzählt oder lieber/eher derjenigen, die mit Ihnen in Ihrer eigenen Sprache redet? In mehreren Situationen ist mir aufgefallen, dass die Menschen irgendwie aufmerksamer waren, als sie ihre Muttersprache hörten. Sie zeigten mehr Interesse gegenüber dem Gesprächspartner und trauten sich, mehr Fragen zu stellen. Ist es möglich, dass die Leute uns mehr vertrauen und ernst nehmen, wenn wir ihre Sprache können? Ich habe von Reiseleitern und Personal im Tourismusbereich gehört, die die Sprachen der wichtigsten Touristengruppen (Englisch, Deutsch, Russisch, Chinesisch) dank dem ständigen Kontakt mit ihnen lernen konnten. Ja, die Native Speakers schätzen sehr oft die Bemühung, ihre Muttersprache zu lernen. Ich war selbst stolz auf meine Schüler, als sie versuchten, Spanisch so gut wie möglich zu sprechen oder zu schreiben. In dieser Hinsicht haben die Franzosen einen eher schlechten Ruf. Man sagt, sie erwarten immer, dass man Französisch perfekt spricht, obwohl sie selbst normalerweise nicht so sprachbegabt sind. Manche haben vielleicht zu hohe Erwartungen gegenüber Ausländern. Ich habe aber Franzosen getroffen, die andere Fremdsprachen gut konnten oder zugegeben haben, sie hätten wenig Sprachtalent.

Bei unserem Urlaub auf den Seychellen haben wir beobachtet, dass der Service besser war, als ich mit den Leuten auf Französisch sprach. Obgleich die Mehrheit dort mindestens dreisprachig ist – sie sprechen Englisch, Französisch und Kreolisch – waren sie hilfsbereiter, als man sie auf Französisch angesprochen hat. In ein paar kritischen Situationen war es sehr nützlich, Französisch zu können. Eines Tages hatte ich eine Panne mit meinem geliehenen Fahrrad, das Rad vorne hatte ein Loch irgendwo, und wenig Luft war übrig. Wir waren mit dem Fahrrad unterwegs und schon auf der anderen Seite der schönen Insel namens La Digue. Fahrräder sind das Haupttransportmittel dort, es gibt keine öffentlichen Busse. Zum Glück gab es in der Nähe ein kleines Lokal am Strand, und mein Mann hat vorgeschlagen, auf Französisch um Hilfe zu bitten. Tolle Idee! Eine Dame hat den Fahrradverleih gleich angerufen, und sie sind schnell gekommen und haben das Rad gewechselt. So konnten wir unsere Rückreise sichern und den Tag weiter genießen. War es nur Glück, oder hat die französische Sprache wirklich einen Unterschied gemacht? Kreolisch hat viele Ähnlichkeiten mit Französisch, und vielleicht ist es den Einheimischen lieber, diese Sprache mit Ausländern zu reden.

Der beste Arbeitsort der Welt für mehrsprachige Leute

Als Kind habe ich die Atmosphäre an einem Flughafen immer geliebt. Mit 5, 6 Jahren bin ich zum ersten Mal geflogen. Es war toll, Menschen mit Koffer und voller Emotionen zu beobachten. Wohin reisen sie? Wofür? Wie lange? usw. Die erste Frage stelle ich mir manchmal selbst, wenn ich ein Flugzeug im Himmel sehe. Ein Flughafen ist für viele der erste Eindruck eines neuen Landes: Man sieht Schilder geschrieben in einer anderen Sprache, und man hört durch Behörde und Mitarbeiter die Amtssprache. Danach kommen einem solche Gedanken wie: „Ich hoffe, dass die Menschen hier mindestens Englisch können. Wenn nicht, wird diese Reise sicher spannend sein." Ohne Zweifel spielt Englisch täglich eine wichtige Rolle in Millionen von Gesprächen und E-Mails auf der ganzen Welt.

Als ich am Flughafen Wien tätig war, beobachtete ich interessante Phänomene in der zwischenmenschlichen Kommunikation.

Die Sprache besteht nicht nur aus Klängen und Wörtern, sondern wird auch von der Gestik bereichert. Zum Glück! Meine Kollegen und ich haben Situationen erlebt, in denen wir mit Händen und Füßen versuchten, Passagieren zu helfen. Es war nicht immer einfach, aber ich denke schon, dass mehrere Gesten eigentlich universell sind. Hände nach oben wie ein Flugzeug: „abfliegen" oder sogar „Transit" (weiterfliegen). Hände und Körperhaltung wie beim Gepäckholen bedeutet normalerweise „Wo muss ich mein Gepäck abholen?" oder „Wo ist mein Gepäck?" (wenn die Person darauf gewartet und es noch nicht bekommen hat). Ich liebe die sprachliche und kulturelle Vielfalt am Flughafen. Nicht nur traf ich jeden Tag interessante Menschen aus der ganzen Welt, sondern ich konnte auch meine Sprachen üben, an manchen Tagen mehr, an manchen Tagen nur drei Fremdsprachen, vor allem Englisch. Jedes Gespräch war einzigartig und ermöglichte mir, einen besseren Kundenservice anzubieten, indem ich Informationen für kommende Kunden im Voraus suchte und diese in die anderen Sprachen übersetzte.

Sprachen und Familie

Aus Zufall habe ich 2016 die Website von Frau Mag. Zwetelina Ortega gelesen und fand ihr Schulungs- und Beratungszentrum Linguamulti sehr interessant. Mehrsprachig aufgewachsen, ist sie Expertin im Bereich Mehrsprachigkeit geworden und gibt nun Beratung rund um das Thema „Kinder zweisprachig oder mehrsprachig erziehen/unterrichten" für Eltern und Lehrer. Nachdem ich die Sektion „Mehr wissen" komplett gelesen hatte, habe ich mich entschlossen, ein kleines Porträt über meine eigene Erfahrung zu schreiben. Dort werden Porträts verschiedener Personen, die entweder mehrsprachig aufgewachsen sind, andere Fremdsprachen können, oder Eltern, die ihre Kinder nicht nur auf Deutsch erziehen, monatlich veröffentlicht. Das Porträt ohne Änderungen ist im Anhang zu finden.

Im Oktober 2019 besuchte ich einen von Frau Ortega geleiteten Workshop über die Vorteile von Mehrsprachigkeit im Spanischunterricht. Solche Vorteile gelten auch für andere Fremdsprachen, die gelehrt werden. Es war ein spannender Nachmittag mit viel Erfahrungsaustausch unter den Teilnehmern, die entweder selbst mit zwei oder drei Sprachen aufgewachsen sind oder deren Kinder mit Deutsch und Spanisch in Österreich aufwachsen. Der Sprachtrainer sollte die Lernenden auf ihre eigene sprachliche Vielfalt aufmerksam machen. Durch Emotionen und kulturelles Verständnis wird das Interesse am Sprachenlernen geweckt und die Motivation gesteigert, sei es bewusst oder unbewusst, konnten wir zum Schluss zusammenfassen. Noch dazu: Der Begriff „Muttersprache" wurde revidiert. Laut Sprachwissenschaftlern ist er nicht präzis. Besser ist der Begriff „Erstsprache". Das Wort Muttersprache ist stärker verbreitet, und deshalb habe ich es hier oft verwendet.

Mit der Zeit habe ich bemerkt, dass in vielen Familien nicht nur eine Sprache gesprochen wird. Entweder haben die Elternteile nicht die gleiche Muttersprache, oder sie wollen, dass die Kinder daheim eine weitere Sprache sprechen. Einige Verwandte und Freunde von mir sind dafür. Ich habe aber auch erfahren, dass es zahlreiche Eltern aus Angst oder Unsicherheit nicht machen. Aus eigener Erfahrung weiß ich, dass es möglich ist, Fremdsprachen als Erwachsene zu lernen, ich glaube nun, es ist anders, wenn man als Kind dank Wiederholungen eine Sprache eher unkompliziert lernt, ohne an die Grammatik denken zu müssen – die lernen sie ja in der Schule. Als Erwachsene werden Leute manchmal von den Lehrmethoden enttäuscht. Nur Grammatik, wenig Konversation, viel Übersetzung, mühsame Vokabellisten, mangelnde Vorbereitung oder Motivation der Lehrkraft usw. sind Aspekte, die das Lernen einer Fremdsprache schwermachen. Diese kannte ich schon in der Schule im Fach Englisch, wo wir meistens Grammatikregeln besprachen und Absätze übersetzten. Wo liegt aber die „echte Sprache"? Im Gegenteil dazu war die Französischlehrerin ausgezeichnet, und meine Klasse konnte besser Französisch in zwei Jahren als Englisch in fünf Jahren lernen.

Ein guter Sprachlehrer spielt ebenfalls eine sehr wichtige Rolle. Als ich Nachhilfe gegeben habe, sah ich, dass einige Schüler wenig oder gar keine Motivation hatten, die Sprache hat ihnen nicht richtig gefallen, weil der Lehrer „zu streng oder zu schlecht war". Glücklicherweise waren die meisten meiner Sprachlehrer sehr gut, und ich bin ihnen sehr dankbar, dass ich heute gute Sprachkenntnisse habe. Natürlich sind die eigene Motivation und Disziplin sehr wichtig, sowohl im Unterricht als auch nach Ende des Sprachkurses. Im Laufe der Jahre habe ich viele Menschen getroffen, die eine Fremdsprache schon lange her – zum Beispiel in der Schule – gelernt und sie seither nicht mehr geübt und leider vergessen haben. Ich hatte diese Erfahrung selbst mit Chinesisch, als keine Kurse mehr angeboten wurden und ich danach nicht mehr in einem Standardkurs gelernt habe. Ich war noch nicht fertig mit meinem Übersetzungsstudium und hatte mit Deutsch und Französisch als Schwerpunkt und mit meinem Portugiesischkurs zweimal pro Woche schon genug zu tun.

Faszination Gestik

„Mit Händen und Füßen reden" ist eine interessante deutsche Redewendung, die einen wichtigen Bestandteil jedes Gesprächs – egal ob formell oder informell – berücksichtigt: das Gestikulieren. Höchstwahrscheinlich hat jeder von uns Situationen erlebt, bei denen die Gestik uns ziemlich geholfen hat, sei es im Ausland, in der Arbeit oder bei uns zu Hause. Ich finde Telefongespräche sehr mühsam, wenn das Signal schlecht ist und unser Zuhörer uns nicht richtig verstehen kann, oder umgekehrt. In diesem Moment können unsere Hände nicht mehr helfen, wir versuchen mit unserem Ton klarzumachen, dass das Gespräch nicht weiter stattfinden kann, manchmal vergeblich. Deshalb ist Hörverstehen in einer Fremdsprache oftmals mit Angst und Unsicherheit verbunden, insbesondere bei offiziellen Prüfungen, wo manche Texte nur einmal gehört werden. Ich bin der Meinung, solche Übungen entsprechen nicht immer der Realität. Natürlich werden Ansagen am Bahnhof oder am Flughafen meistens einmal gemacht. Aber zum Glück hat man häufig die Möglichkeit, einen Passanten zu fragen oder die Info auf der Infotafel zu lesen. Kommunizieren ist ein komplexer Prozess, bestehend aus verschiedenen Faktoren. Gesten sind nicht immer leicht zu entschlüsseln, der Körper hat eine eigene Sprache, die auch kulturell beeinflusst ist. Als ich Italienisch gelernt habe, war das Thema Gestik ausschlaggebend. „Italiener sprechen mit starker Gestik, ihre Hände können nicht ruhig bleiben". In dieser Zeit suchte ich nach Bildern und Videos mit typischen italienischen Gesten. Es war wirklich faszinierend zu sehen, wie die Italiener eine „zweite" Sprache geschaffen haben. Einige Gesten sind sehr international geworden und werden in Filmen oder Sendungen präsentiert. Über diesen Link kann man italienische Gesten und deren Geschichte kurz und bündig kennenlernen (Englisch/Italienisch mit englischen Untertiteln): https://youtu.be/DW91Ec4DYkU

Humor, Werbung & Co.

Was wären Humor oder Werbespots ohne Wortspiele, erfundene Wörter oder angepasste englische Begriffe? Sprachen sind flexibler als gedacht und erlauben dem Menschen, seine Kreativität und Fantasie *nonstop* zu erweitern. Heutzutage gibt es Tausende Firmen weltweit, die Werbung mit englischen Wörtern oder einen Slogan auf Englisch bevorzugen. Die Kombination aus Schrift und Bild verstärkt die Bedeutung der Werbung und kann potenzielle Kunden durch Emotionen überzeugen. Ja, die globale Wirtschaft ist ohne Werbung nicht mehr vorstellbar. Wie würden dann große internationale – meistens amerikanische – Konzerne ihr Angebot bekannt machen und uns überreden, dass wir (alle!) diese Produkte unbedingt brauchen? Ich selbst als Verkäuferin wusste sehr gut, dass die Werbung meine Arbeit ziemlich erleichterte, als die Kunden eine gewisse Idee meines Arbeitgebers und dessen Produkt/Dienstleistung in Händen hielten. Sogar Cocktails haben kreative Namen. Sprachen kennen keine Grenzen!

Und Humor? Karikaturisten, Journalisten und Kabarettisten spielen üblicherweise mit der Sprache, um die Leser beziehungsweise Zuschauer zum Lachen zu bringen. Nicht nur mit Wörtern, sondern auch mit dem Akzent einer Sprache, z.B. ein Italiener, der Englisch spricht, Englisch, gesprochen von Indern oder Arabern, oder wie ein Tourist versucht, halbwegs Englisch im Urlaub zu reden. Auch der Deutsche mit einem starken bayerischen Akzent, ein Wiener oder ein Schweizer für ein deutschsprachiges Publikum. Dies sind einige Beispiele, die zahlreiche Theaterschauspieler darstellen. Wir lachen mit und über die Sprache! Die Sprache ist auch ein Unterhaltungsmittel. Witze gehören zum Alltag – im Familienkreis, mit Arbeitskollegen oder sogar mit dem Chef – ohne sie wären unsere Tage eher grau und möglicherweise langweilig. Die Vokabeln und Assoziationen, die Witze prägen, spiegeln oft kulturelle oder soziale Aspekte wider. Teilweise sind Witze in anderen Ländern nicht übertragbar, auch wenn diese Länder dieselbe Sprache haben. Ich fand einige deutsche Kabarettisten nicht so lustig wie ihre österreichischen Kollegen. Höchstwahrscheinlich lag es an der Tatsache, dass ich in Österreich wohne und die politische, soziale und kulturelle Landschaft dieses Landes besser kenne. Dafür habe ich den Vorteil, dass ich meistens mit Österreichern Kontakt habe und zu Hause österreichische Sendungen sehe oder österreichische Zeitschriften lese. „Man muss in einem Land lang genug leben, um zu verstehen, wie die Dinge wirklich laufen", habe ich ab und zu gehört. Bezüglich Lachen gilt dasselbe Prinzip: Je mehr man den Hintergrund kennt und ihn persönlich lustig findet, desto mehr lacht man über bestimmte Witze. Jede Sprache ist in dieser Hinsicht einzigartig. Mit jeder neuen Sprache entdeckt man hin und wieder eine komplett andere humoristische Mentalität.

Information verpasst!

Montagvormittag. Ein normaler Arbeitstag. Als mein Mann die Internetbox eingeschaltet hat, erschien eine Fehlermeldung unseres Providers in mehreren Sprachen auf der Leinwand. Was ich besonders interessant fand, war die Länge und der Inhalt der Nachricht in den verschiedenen Sprachen. Auf Deutsch war sie klipp und klar: UPC-Fehlermeldung. Bitte kontaktieren Sie den Provider. In den anderen Sprachen (Englisch, Französisch, Niederländisch) war die Nachricht länger, denn es wurde beschrieben, was man tun musste, damit die Verbindung nochmals erstellt wurde. Erst am Ende stand der Satz „Bitte kontaktieren Sie den Provider". Kurz gesagt: Auf Deutsch wurde gleich empfohlen, nach Hilfe zu fragen, während für die anderen Sprachen eine mögliche Lösung erwähnt wurde, bevor man sofort jemanden beim Provider telefonisch erreicht. Liegt es daran, dass wir in Österreich sind und es leichter ist, den Provider anzurufen und zu fragen, was los ist? Solche Fälle habe ich schon auf Packungen gesehen, wo mehr Infos in einer Sprache stehen. Oder in Museen, Prospekten oder auf Plakaten usw. Vielleicht sind für die Sprecher bestimmte Informationen nicht so relevant wie für die Sprecher einer anderen Sprache.

> „Es tut sich in der Sprache wie das Wesen des Menschen, so auch das Gesamtwesen der Natur kund. Die Sprache ist sonach Abbildung der gesamten Innen- und Außenwelt des Menschen."
> Friedrich Wilhelm August Fröbel (deutscher Pädagoge)

SPRACHEN UNTERRICHTEN

Unterrichten ist das beste Sprachtraining

Ja, Sprachen lehren ist ganz besonders! Damit habe ich angefangen, als ich noch an der Uni in Venezuela war. Eine Studienkollegin hat mir erzählt, dass eine Schülerin von ihr Deutschnachhilfe brauchte. Ich fand die Idee spannend und habe schnell die Mutter kontaktiert und den ersten Termin vereinbart. Danach kamen andere Schüler, Erwachsene und in den Sommerferien ein Französischkurs mit 16 Teilnehmern (die meisten davon Erwachsene, zwei Jugendliche und zwei Seniorinnen). Dieser Kurs war eine nette Erfahrung, da ich nur auf Französisch gesprochen habe und versuchte, die Sprachkenntnisse der Teilnehmer durch verschiedene Spiele und Tätigkeiten zu vertiefen. Ich wollte nicht nur das Lehrbuch, sondern auch Magazine, Nachrichten und Texte über aktuelle Themen verwenden. Lehrbücher sind nützlich, aber normalerweise genügen sie nicht, um alltägliche Situationen in der Fremdsprache zu meistern. Ich hatte diesen Eindruck bei dem russischen Lehrbuch *мост*: Grundsätzliche Vokabeln wie aufstehen, Zähne putzen, duschen & Co. habe ich in einem anderen Buch gefunden. Klar, das perfekte Kursbuch gibt es nicht. Deshalb ist es wichtig, dass man als Lehrer oder Lernender verschiedene Sprachressourcen verwendet.

Mit der Zeit kapierte ich, dass ich als Nichtmuttersprachlerin Fremdsprachen auch gut unterrichten kann, indem ich diese aktiv übe. Wenn man ständig Texte mit Fehlern findet, ist es erforderlich, dass diese im Kopf nicht festsitzen. Sonst hat man das Risiko, Fehler selbst zu machen, anstatt diese zu identifizieren. Ich sage immer wieder meinen Schülern/Studenten, dass man ein gewisses Sprachgefühl durch viel Kontakt mit der Fremdsprache erlangt. Ich motiviere sie, alle Sprachfähigkeiten regelmäßig zu üben. Ich finde, Texte über verschiedene Themen zu schreiben ist eine hervorragende Methode, um die Struktur und Logik der gelernten Sprache effektiv zu erfassen.

Es ist eine große Freude für mich zu sehen, wie die Schüler nach bewusster Beschäftigung mit der Sprache nicht nur bessere Schulnoten erzielen, sondern auch ein besseres Sprachverständnis entwickeln, was ihnen im weiteren Leben helfen kann. Gewöhnlich vergleiche ich die Grammatik der Muttersprache des Schülers mit der anderen Sprache, damit sie merken, dass die gelernte Sprache nicht immer so fremd ist.

Native Speaker gesucht!

Als ich begonnen habe, Sprachunterricht zu geben, habe ich eigentlich nicht mit meiner Muttersprache angefangen, sondern mit Deutsch, Französisch und Englisch. Ich war noch Unistudentin und wollte erste Erfahrungen als Sprachlehrerin sammeln. In Venezuela gibt es nicht so viele Muttersprachler in anderen Sprachen wie in Europa, und ich hatte selbst während meines Studiums Dozenten, die Muttersprachler und Nichtmuttersprachler waren. Ich kann mich noch erinnern, dass die Nichtmuttersprachler die Grammatikregeln ziemlich gut erklären konnten, während die Muttersprachler unsere Aussprache und unseren schriftlichen Ausdruck effizient korrigiert haben. Zudem haben sie für uns die Landeskunde mit viel Leidenschaft und mit interessanten Anekdoten lebendig gemacht.

Im Großen und Ganzen gibt es unterschiedliche Meinungen, welcher Sprachlehrer – Muttersprachler oder Nicht-Muttersprachler – am geeignetsten für einen Sprachkurs ist. Ich habe immer wieder gelesen, dass für Anfänger Nicht-Native-Speakers geeignet sind, denn sie haben die Sprache selbst gelernt und können theoretisch die Grammatik einfacher verständlich machen sowie bewusst langsamer und deutlicher als Muttersprachler im Unterricht reden. Es ist auch nicht schlecht, wenn sie eventuell die Regeln in der Muttersprache der Lernenden erklären. Ich habe es selbst gemacht und kann nur positives Feedback geben. Andere Lehrer versuchen es auf Englisch, weil die meisten Teilnehmer häufig die englische Sprache bereits beherrschen. Für Fortgeschrittene haben Native Speakers einen gewissen Vorteil: Sie kennen die meisten Vokabeln und Redewendungen und können stilistische Aspekte jederzeit auf den Punkt bringen.

Meine Studenten waren sehr neugierig, als ich ihnen sagte, woher ich kam und wie ich Deutsch lernte. Sie stellten mir Fragen über das Leben in Österreich, über die manchmal mühsamen, aber notwendigen Amtswege, über die Essgewohnheiten und nötigen Sprachzertifikate. Ich merkte, wie die Studenten meine Worte achtsam hörten und Empathie zeigten, als ich sie aufmunterte, keine Angst vor der deutschen Sprache oder vor den Behörden zu haben. Ich brauchte selbst viel Zeit und Geduld, um diese Sprache zu meistern. Selbstverständlich benötigen Nichtmuttersprachler sehr gute Sprachkenntnisse und Sicherheit beim Unterrichten. Einige werden von den Lernenden als bestes Vorbild wahrgenommen. Bei mir war es auch der Fall mit meinen venezolanischen Professorinnen (ja, 90 % davon waren Frauen), die mir Deutsch gut beigebracht haben und mich ständig motivierten. Ich bin auch stolz auf eine meiner besten Freundinnen (aus Venezuela), die in den USA wohnte und im Jahr 2017 zur besten Englischlehrerin bei ihrem Arbeitgeber (ein Sprachinstitut in Florida) ernannt wurde, obwohl sie die einzige Ausländerin war, die dort als Englischlehrerin arbeitete. Am Ende des Tages zählen eigentlich die Ausbildung, die Erfahrung und die Motivation des Lehrers mehr als das Sprachniveau.

Ein bisschen Kontext, bitte!

Der Kontext ... ohne ihn hilft die Übersetzung eines unbekannten Begriffes in der Regel kaum. Viele Sprachen haben Wörter mit mehreren Bedeutungen, die dank dem Kontext richtig verstanden werden. Als Übersetzer lernt man, nicht zufrieden mit der Übersetzung im Wörterbuch zu sein. Es ist notwendig, den Sinn des Satzes zu verstehen und danach das passende Wort in der Zielsprache zu nehmen, nicht unbedingt die erste, zweite oder dritte Definition, die im Wörterbuch abrufbar ist. Als Spanischlehrerin habe ich üblicherweise Schüler oder Erwachsene gehört, die mich in einem frustrierenden Ton fragten: „Warum bedeutet dieses Wort nicht mehr das Gleiche?", „Ich habe für diesen Begriff folgende Übersetzung gelernt, und die ist jetzt falsch?", „Heißt dieses Wort aber nicht ...?". Die Überraschung war groß, wenn sie merkten, dass Spanisch zahlreiche Wörter mit mehreren Bedeutungen hat. Am Anfang waren sie verwirrt, danach verstanden sie, dass der Kontext ja eine relevante Rolle spielt. Ein einziges Wort schnell zu übersetzen ist nicht immer so einfach, wie man denkt. Es kommt darauf an, welchen Zusammenhang der Begriff in einem Satz oder in einem Text hat. Das ist mir oft während der Arbeit aufgefallen, als die Schüler/Studenten nach der Äquivalenz in der Fremdsprache suchten, häufig erfolglos. Ich musste sie fragen, was sie eigentlich auf Deutsch ausdrücken wollten. Nachdem sie ihre Gedanken mit deutschen Wörtern formuliert haben, war es leichter für mich, ihre Idee in die Fremdsprache zu übersetzen. „Das sollten wir so umschreiben. Sonst klingt es komisch, wenn du es auf Spanisch sagst", was auch für die anderen Sprachen, die ich unterrichte, gilt. Ich finde, Sprachsensibilität ist wesentlich für die Korrektheit in der Fremdsprache. Dafür ist ein bewusstes Auseinandersetzen mit den Vokabeln im Kontext hoch empfehlenswert.

A language biography

Das erste Mal, dass ich über eine Sprachbiografie hörte, war während eines Englischunterrichts, den ich gegeben habe. Im Buch gab es einige Beispiele zum Sprachenlernen sowie folgende Übung: *Write a language biography*. Ich fand die Idee cool: einfach von deiner Spracherfahrung zu erzählen. Wie lange lernst du die Sprache? Wo? Welches Sprachniveau hast du? Warum lernst du diese Sprache und nicht eine andere? Diese Fragen höre ich immer, seitdem ich mich mit Sprachen beschäftige. Nicht nur ist es für den Lebenslauf wichtig, die Sprachkenntnisse richtig und ehrlich (falls sie danach tatsächlich geprüft werden) einzutragen, sondern auch für uns selbst, um Ziele zu konkretisieren. Wofür brauche ich diese Sprache? Ist sie eine Voraussetzung für meinen aktuellen beziehungsweise künftigen Job? Will ich sie einfach nur für mich lernen, um im Urlaub besseren Kontakt zu den Einheimischen zu haben? Oder gibt es andere Gründe? Egal was uns bewegt, eine Fremdsprache zu lernen, macht es Sinn, sich am Anfang kleine Ziele zu setzen, egal wie ähnlich oder unterschiedlich diese Sprache mit unserer Muttersprache ist. Ich habe oft die Erfahrung gemacht, dass ich zu viel Stoff in kürzester Zeit lernen wollte, und mein Gehirn konnte sich nach einer Weile nur kaum oder gar nicht merken, was ich gerade las. So wie in der Schulzeit! Regelmäßig lernen ist meistens effizienter als zu viel auf einmal. Natürlich hängt es von der Person ab. Trotzdem sollten wir nicht vergessen, dass das Gehirn auch ein Muskel ist, der Trainings- und Erholungsphasen benötigt, um fit zu bleiben.

Berufung Sprachtrainerin

Als ich in der Schule vom Wort Berufsorientierung gehört habe, dachte ich mir, es sei unabdingbar, den passenden Job so rasch wie möglich zu identifizieren, um finanzielle Unabhängigkeit zu erreichen sowie einem erfolgreichen Karriereweg zu folgen.

Karriere machen, um danach ein schönes Leben und eine wohlhabende Familie zu haben. Davon träumen immer mehr Frauen, die nicht nur in der Mutterrolle stecken wollen. In meiner Freizeit lese ich gerne Zeitschriften, die Artikel oder Berichte über Gesundheit, Weiterentwicklung, Psychologie und Wohlfühlen bringen. Im Laufe der Zeit verstand ich, was der Begriff Karriere für einige konkret bedeutet. Einige haben ein großes Vermögen angehäuft, mussten aber die Zeit mit der Familie opfern. Andere haben so viel gearbeitet, bis sie einen Burn-out erlitten haben und ihr ganzes Leben danach umstellen mussten. Davon habe ich schon viel gehört und viele Berichte darüber gelesen. Vornehmlich in Österreich, wo jedes Jahr Hunderte Leute ein *Start-up* gründen. Meist von Leuten, die das Leben durch andere Augen sehen wollen. Für mich hat es aber ein bisschen gedauert, bis ich meine Leidenschaft für das Unterrichten entdeckte, obwohl ich schon Erfahrung als Lehrerin hatte, seitdem ich an der Uni in Venezuela war. Es ist ein großer Vorteil und eine große Freude für mich, mehrere Sprachen lehren zu können. Ich bin sehr dankbar, dass mir ein paar Personen die Chance gegeben haben, als Nichtmuttersprachlehrerin bei ihrem Sprach- oder Nachhilfeinstitut zu unterrichten, mit guten Erfahrungen für beide Seiten. Davon habe ich eine Menge gelernt und am Ende meine Berufung gefunden. Heutzutage bin ich Kursleiterin Deutsch- und Integrationskurse und erlebe täglich spannende Momente mit den Kursteilnehmern (Arbeitslosen, Migranten und/oder Flüchtlingen).

Emotionen und Gefühle sind wichtig beim Spracherwerb, nicht nur die Grammatik, habe ich in den letzten Jahren als Sprachlehrerin beobachtet. Deshalb ist es nützlich, sich ein Bild von jedem Studenten zu machen: Alter, Motivation, Bildung, Beruf, Interesse, Kenntnisse anderer Fremdsprachen u. a. Noch etwas: Ein guter Lehrer ist kreativ, neugierig und liebt, was er tut, und erkennt, dass er selbst Teil des Lernprozesses ist, er lehrt und lernt infolgedessen mit.

Besonderheiten des Onlineunterrichts

Heutzutage ist Onlineunterricht eine gute Alternative zum Frontalunterricht geworden, insbesondere in Zeiten von *social distancing*. Mir ist aber Frontalunterricht lieber, der persönliche Kontakt ist mir sehr wichtig. Vor einigen Jahren unterrichtete ich per Webinar, ich in Wien und die zwei Studenten in Graz. Zwar war es eine interessante Erfahrung, ich fand aber diese Methode meistens nicht so gut, weil meine Internetverbindung, wo ich damals wohnte, sehr schwach war. Einmal war es der Ton, ein anderes Mal das verschwommene Computerschirmbild. Manchmal gab es auch solche technischen Probleme bei den Studenten, und wir mussten es mit Skype versuchen, sodass es teilweise langsamer war. Darum ist es empfehlenswert, einen „Plan B" zu haben, falls die Verbindung gar nicht geht (ein normales Telefonat kann auch einen Unterricht retten). Oder man greift zu den sozialen Netzwerken zurück. Natürlich gibt es positive Aspekte eines digitalen Unterrichts wie die Flexibilität: Man kann wirklich von zu Hause oder unterwegs arbeiten und sich die Stunden leichter einteilen. Außerdem spart man sich die Fahrzeit zum Arbeitsort, und die Studenten können wörtlich gesagt von überall auf der Welt lernen.

Eine Freundin von mir, die seit Jahren als Sprachtrainerin tätig ist, erzählte mir im Mai 2020 über ihre Erfahrung mit digitalem Unterricht mit dem Programm namens Zoom (es dient nicht nur dem Abhalten von Meetings, sondern auch für Onlinekurse, Webkonferenzen usw.). Für Gruppen bis maximal 15 Personen erlaubt Zoom Sprachlehrern den Überblick zu halten. Es ist nötig, langsamer zu reden und deutlich auszusprechen, damit die Studenten, vor allem diejenigen ohne Vorkenntnisse oder mit nur Grundkenntnissen in der Lage sind, die Anweisungen des Lehrers zu verstehen. Dafür sind mehr Gestik und Ausdrucksstärke unabdingbar. Sie meinte auch, dass sie mehr Zeit braucht, um den Unterricht vorzubereiten, denn sie verwendet täglich Dia-Präsentationen mit mehreren Bildern. Um den Lernfortschritt zu sichern, sollte der Lerner keinen Onlineunterricht verpassen.

Der Lehrer sollte versuchen, alle Teilnehmer aktiv anzusprechen, damit jeder/jede mindestens 5 Minuten im Unterricht reden kann. Was mich betrifft, unterrichte ich seit mehreren Monaten nur online. Eine Gruppe hat im Durchschnitt zwischen 9 und 12 Kursteilnehmern. Ich bin nämlich für zwei Gruppen – gelegentlich auch für eine Vertretung oder Mitbetreuung – verantwortlich und konnte schon spannende Erfahrungen mit Deutschlernenden aus unterschiedlichen Nationen und mit unterschiedlichen Sprachniveaus sammeln. Bei einer Unterrichtseinheit kann der Trainer durch analoge (Klebezettel, Würfel, Blatt Papier und Stift) sowie digitale (Websites, Onlinespiele, Videos, Lieder, Bilder, Blogs, Lehrerforen, *Breakout-Rooms, Whiteboards* u.a.) Hilfsmittel für Abwechslung sorgen. Die Bereitschaft zu wiederholen, die dazu nötige Geduld, der laufende Kontakt mit den Teilnehmern und nicht zuletzt eine Prise Kreativität und Improvisation sind in meinen Augen Merkmale eines erfolgreichen Onlineunterrichts.

Und die Reise geht nun weiter ...

Während meiner Suche nach dem passenden Kindergarten für mein Kind kam das Thema „deutsche Sprache und andere Sprachen" auf. Ich habe bemerkt, dass sich viele Eltern eine frühe Sprachförderung wünschen. Je früher das Kind Kontakt zu anderen Fremdsprachen hat, desto leichter wird es sie lernen. Eine verbreitete Meinung ist, dass Englisch heutzutage auf keinen Fall fehlen sollte – dafür existieren entsprechende Angebote. Sprachen wie Chinesisch, Russisch oder Arabisch gewinnen zwar an Popularität, aber Angebote gibt es kaum. Es stellt sich mir jedoch die Frage: Wie viele Sprachen kann ein Kind theoretisch gleichzeitig lernen, ohne diese zu vermischen? Die kleine Bella Devyatkina aus Russland zeigte 2016 beim TV-Programm „Unglaubliche Leute", dass keine Grenzen beim Sprachenlernen gesetzt sind. Nur 4 Jahre alt und fähig, in 7 Fremdsprachen zu reden.

Ihre Mutter, Linguistin und Englischlehrerin, sieht Bella nicht als Wunderkind, sondern als ein normales Kind, das konsequent spielerisch Fremdsprachen lernt. Ob jedes Kind dieses unglaubliche Sprachpotenzial hat, bleibt ein spannendes Rätsel für Eltern und Sprachwissenschaftler.

Als Mutter kommt dann der Tag, an dem ich meinem eigenen Kind die spanische Sprache beibringe und entdecken werde, wie es mit zwei Sprachen gleichzeitig aufwächst. Und wie es danach weitere Fremdsprachen in der Schule oder aus Interesse lernt. In Summe wird es eine spannende, bereichernde Zeit für alle … Von meiner Seite hoffe ich, weitere Sprachen zu lernen und mehr Leute vom „Sprachenlernen macht Sinn und Spaß" zu überzeugen.

ANHANG

Anhang: Porträt Juli 2016

Estefanía Requena: mühelos wechseln von einer zu einer zweiten, dritten, vierten Sprache

Hallo! Ich heiße Estefanía Requena, bin in Venezuela geboren und einsprachig mit Spanisch aufgewachsen. Dort habe ich mein Diplom im Bereich Übersetzen und Dolmetschen mit Schwerpunkt Deutsch, Französisch und Spanisch abgeschlossen. Zudem habe ich Workshops über Fremdsprachendidaktik besucht und selbst Sprachunterricht gegeben. Nach dem Sprachstudium kam ich nach Europa, um meine Ausbildung fortzusetzen. Seit 2013 wohne ich in Wien. Ich begann, Fremdsprachen- und Nachhilfeunterricht für Jugendliche und Erwachsene zu geben. Ich arbeite auch am Flughafen Wien, wo ich ständigen Kontakt zu Passagieren aus der ganzen Welt habe und meine Mehrsprachigkeit viele Vorteile bringt.

Wie ist es Ihnen in Ihrer Mehrsprachigkeit als Kind und Jugendliche gegangen? Wie haben sich Ihre Sprachen entwickelt?
Als Kind hatte ich Englischunterricht zu Hause und in einer Sprachschule und danach Französischunterricht in der Schule. Nach einem Aufenthalt in Kanada habe ich meine Leidenschaft für Sprachen entdeckt und entschlossen, Fremdsprachen an der Universität zu studieren und Übersetzerin zu werden.

Welche konkrete Situation aus Ihren Erinnerungen würden Sie gerne mit uns teilen?
Am Flughafen ist es immer spannend, mehrere Sprachen jederzeit hören zu können. An manchen Tagen kann ich alle meine Fremdsprachen üben. Es freut mich sehr, Touristen dank meinen Sprachkenntnissen besser beraten und ihnen Orientierung geben zu können. Manche wundern sich, wenn sie merken, dass ich von einer zu einer zweiten, dritten oder vierten Sprache schnell wechseln kann.

Ich habe den Eindruck, dass man ernster genommen wird, wenn man in der Muttersprache des anderen spricht. Diese muss nicht perfekt sein, um das Interesse und die Aufmerksamkeit der Personen zu wecken. Sogar auf Griechisch, das ich auf Niveau A2 sprechen kann, freuen sich die Menschen, in ihrer Sprache angesprochen zu werden.

Wie beeinflusst Ihre Mehrsprachigkeit Ihr Leben jetzt?
Als Sprachtrainerin und selbst Sprachlernende (derzeit lerne ich Russisch) kenne ich die Herausforderung, Sprachkenntnisse zu vertiefen, ohne andere Sprachen zu vernachlässigen. Ich versuche, meine Sprachen ständig aktiv zu üben, obwohl ich mich derzeit mehr auf Russisch konzentrieren muss.

Welche 3 Tipps & Tools würden Sie Eltern und PädagogInnen geben, die mehrsprachige Kinder und Jugendliche unterstützen wollen?
Ich bin der Meinung, es ist nie zu spät, eine Sprache zu lernen oder aufzufrischen (ich habe auch Senioren unterrichtet). Ohne Zweifel ist es vorteilhaft, diese schon als Kind oder als Jugendliche zu lernen. Das Wichtigste ist, dass es Spaß macht und dass man bereit ist, aus Fehlern zu lernen. Viel Kontakt mit der Fremdsprache ist notwendig, um schnellere Fortschritte zu machen. Wenn ein Auslandsaufenthalt nicht möglich ist, empfehle ich die Teilnahme an einem Tandem. Heutzutage gibt es mehrere Alternativen (Onlinekurse, Apps zum Sprachenlernen, zahlreiche Lernmethoden in Buchläden oder im Internet usw.). Jeder sollte

daher die beste für sich finden, abhängig von Zeitverfügbarkeit, persönlichen Interessen und Motivation.

Fast alle meiner Schüler/Studenten lernen gleichzeitig eine weitere Sprache. Es ist mir wichtig, dass sie in der Fremdsprache direkt denken und wenig übersetzen. Obwohl es am Anfang schwierig ist, schafft man mit der Zeit ein „Sprachgefühl", indem man sich mit der Fremdsprache oft beschäftigt. Sprachenlernen ist wie ein Sport oder wie ein Musikinstrument: Je mehr man übt, desto besser geht es!

Steckbrief:
- Name: Estefanía Requena
- Arbeitgeber: Nachhilfeinstitute, CAT (City Airport Train)
- Erstsprache(n): Spanisch
- Fremdsprachen: Deutsch, Englisch, Französisch, Italienisch, Portugiesisch, Griechisch, Niederländisch
- Ausbildung: Übersetzen/Dolmetschen, Internationale Studien, Tourismusmanagement

Die Autorin

Estefanía Requena de Kusper wurde 1988 in Caracas/Venezuela geboren. Ihren Universitätsabschluss erlangte sie in Dolmetschen und Übersetzen. Danach hat sie in Frankreich und Österreich weiter studiert. Beruflich verfügt Requena de Kusper über langjährige Erfahrung als Sprach- und Nachhilfelehrerin. Aktuell arbeitet sie als DaF/DaZ-Trainerin und gibt Integrationskurse für Migranten, Arbeitslose und Flüchtlinge.
Zu den Interessen der Autorin zählen neben dem Sprachenlernen Lesen, Reisen, Fitness und Tanzen. Ihre Leidenschaft für Sprachen entdeckte sie als Kind bei einem Aufenthalt in Kanada. Sie ist kommunikationsfreudig, verfügt über interkulturelle Kompetenz und sucht gerne den Kontakt zu Leuten aus anderen Ländern.
Bereits in jungen Jahren bewies sie ihr schriftstellerisches Talent, als sie ihren Verwandten und Freunden zu besonderen Anlässen Gedichte und Kurzgeschichten schrieb. „Mein Weg in die Mehrsprachigkeit" ist die erste Veröffentlichung der Autorin.
Seit 2013 lebt sie in Wien und wurde 2019 Mutter.

Der Verlag

> *Wer aufhört besser zu werden, hat aufgehört gut zu sein!*

Basierend auf diesem Motto ist es dem novum Verlag ein Anliegen neue Manuskripte aufzuspüren, zu veröffentlichen und deren Autoren langfristig zu fördern. Mittlerweile gilt der 1997 gegründete und mehrfach prämierte Verlag als Spezialist für Neuautoren in Deutschland, Österreich und der Schweiz.

Für jedes neue Manuskript wird innerhalb weniger Wochen eine kostenfreie, unverbindliche Lektorats-Prüfung erstellt.

Weitere Informationen zum Verlag und seinen Büchern finden Sie im Internet unter:

www.novumverlag.com